Detlef Jena

Weimar
Kleine Stadtgeschichte

VERLAG FRIEDRICH PUSTET
REGENSBURG

Umschlagmotive:
Vorderseite: Karl-August Denkmal (Dreamstime; ©Meinzahn);
Rückseite: Goethe und Schiller Denkmal (fotolia, Westend61)

Für
Ingeburg Margareta

**BIBLIOGRAFISCHE INFORMATION DER
DEUTSCHEN NATIONALBIBLIOTHEK**
Die Deutsche Nationalbibliothek verzeichnet diese Publikation
in der Deutschen Nationalbibliografie; detaillierte bibliografische
Angaben sind im Internet über http://dnb.dnb.de abrufbar.

ISBN 978-3-7917-3084-4
© 2019 by Verlag Friedrich Pustet, Regensburg
Reihen-/Umschlaggestaltung und Layout: Martin Veicht, Regensburg
Satz: Vollnhals Fotosatz, Neustadt a. d. Donau
Druck und Bindung: Friedrich Pustet, Regensburg
Printed in Germany 2019

eISBN 978-3-7917-6163-3 (epub)

Weitere Publikationen aus unserem Programm
finden Sie auf www.verlag-pustet.de
Kontakt und Bestellungen unter verlag@pustet.de

Inhalt

Zum Geleit 6

Vorwort – Die Stadt als Bibliothek 9

Ein Ort nirgendwo in der Mitte Europas 13
Von der Ehringsdorferin bis zum Thüringer Reich: Ursprünge / Weimar trittbescheiden in die Geschichte ein / 1250 – Eine kleine Stadt wird geboren! / *Weimars Stadtwappen* / Historische Weichenstellung: Verwaltungszentrum und Nebenresidenz / *Geschichte des Hornsteins*

Im Sog der Weltenwende: Residenz fürstlicher Reformer 25
Die Stadt gerät in die deutsche Politik / *Luther über die weltliche Obrigkeit* / Herzog Johann verordnet die Reformation / *Johann der Beständige* / Gewinn aus der Niederlage im Schmalkaldischen Krieg / »Hauptstadt« eines kleinen Herzogtums / Kulturstadt im Geburtsstadium: Die Gründung der »Fruchtbringenden Gesellschaft« / *Die Wilhelmsburg* / Musikalischer Glanzpunkt für einen künftigen Musenhof: Johann Sebastian Bach / Anna Amalia: Startschuss für den Musenhof

Geburt eines Mythos – Klassisches Symbol der deutschen Kulturnation 50
Die Stadt horcht auf: Der Dichter des »Werther« kommt! / Goethe im Staatsdienst: Mehr Minister als Dichter! / *Loblied Goethes auf Carl August* / Goethes und Schillers Bund: Weimar gewinnt an Profil / *Madame de Staël über Weimar* / Das Ende der Klassik: Im Mahlstrom der Napoleonischen Kriege / *Herzogin Louises Begegnung mit Napoleon im Oktober 1806* / Das Zweikaisertreffen von Erfurt: Menetekel kommenden Unheils / Das kleine Glück im Weltgetriebe: Die Stadt wird großherzogliche Residenz / Coudray und Hummel bereichern Stadtbild und Musikkultur an der Ilm / *Clemens Wenzeslaus Coudray*

Die Last des Erbes: Carl Friedrich verleiht Weimar das Gesicht biedermeierlicher Genügsamkeit 77
Ende einer Epoche: Goethe stirbt / Wie sich Weimar »nachklassisch« entwickelte / Was wird aus Goethes Erbe? – Tradition und Neuanfang / Franz Liszt: Der Hoffnungsträger kommt! / Im Wellenschlag der deutschen Revolution: Liszt bereichert das klassische Erbe / *Freispruch für Franz Liszt!* / *Über den Entwurf einer Goethe-Stiftung*

Die Dichtung folgt der Musik: In Erwartung eines »silbernen Zeitalters« 91
Sanfte Politik auf dem Weg in das Deutsche Reich / Aristokratische Pflege der klassischen Traditionen – *Das Denkmal deutschen Weltgeistes! / Aus den Erinnerungen des Malers Friedrich Preller d. J.* / Das Neue Museum

Das Erbe der Klassik erwacht im Kaiserreich zu neuem nationalem Leben 102
Endlich: Goethes Nachlass wird geöffnet / Das Goethe-und Schiller-Archiv als gestaltendes Zentrum / *Weimars Ehrenbürger Friedrich Lienhard* / Frühlingsblüten der Moderne an der Ilm

Epochenwandel – der schwierige Gang durch die Weimarer Republik 109
Ende der Fürstenherrschaft – kein Ende der klassischen Traditionen / Die Nationalversammlung und das republikanische Weimar / Das Bauhaus: Moderne Visionen nicht erwünscht / *Walter Gropius über die Arbeit des Bauhauses*

Eine nationalsozialistische Heimstatt Adolf Hitlers 122
Weimar im politischen Kalkül der NSDAP / 1932: Goethes 100. Todestag dient dem Führerkult / *Ansprache zum 50-jährigen Bestehens der Goethe-Gesellschaft* / Alltag im Nationalsozialismus / Das Gauforum: Ein Phantom bestimmt die Stadtplanung / Das Konzentrationslager Buchenwald

***Historisches Zwischenspiel: Im Schaukasten der
proletarischen Diktatur*** 135
Bittere Realität: Der geschändete Ettersberg / Konzentrationslager der Sieger / Unvereinbarkeit von Klassik und Parteilichkeit / Goethe, Thomas Mann und der Kalte Krieg / *Thomas Manns Ansprache im Goethejahr 1949* / Zweigleisiger Umgang mit den Beschlüssen von Partei und Regierung / Sozialistische Konflikte: Holtzhauer und Fürnberg / Zwischen den Fronten: Die Goethe-Gesellschaft / Sozialistisches Kulturpanorama / *Hans Cibulka — Weimar*

Die säkulare Vision von einer europäischen Kulturstadt 155
Kurs auf das Kulturstadtjahr 1999 / Europa und die Welt blicken auf Weimar / Ein Ort deutschen Wesens und nationaler Geschichte / *»Kosmos Weimar«*

Anhang 174
Stadtplan / Zeittafel / Fürstliche Regenten über Weimar / Bildnachweis / Literatur (in Auswahl) / Register

Zum Geleit

Ein Buch »Kleine Stadtgeschichte« zu nennen und es dann über Weimar zu schreiben ist ein ehrgeiziges Vorhaben, umfasst die Geschichte der Stadt doch so viele Jahrhunderte und Epochen, hat sie doch unzählige Gesichter gesehen und Geschichten erlebt und füllt damit so manches Bücherregal. Selbst wenn man mit der Erzählung erst im Jahr 1250, dem Gründungsjahr Weimars, beginnt, lässt man die bedeutende Ur- und Frühgeschichte der Stadt und ihrer Umgebung außen vor. Und schon damit vermag man die Ausstellung eines gesamten Museums zu kuratieren.

Seitenweise könnte man dieses Buch mit Auflistungen prominenter Namen füllen und hätte noch nicht einen Satz geschrieben. Stattdessen gelingt es Detlef Jena, einen Querschnitt der Weimarer Geschichte zu erzählen und ihre immer wieder bedeutende, aber auch ambivalente Rolle im Laufe der Jahrhunderte zu akzentuieren.

Hier predigte schon Luther, dessen reformatorische Ansätze nicht selten Grundlage hitziger Diskussionen in Weimar wurden. Später ließen sich hier Goethe und Schiller nieder, schrieben u. a. »Iphigenie auf Tauris« und »Wilhelm Tell«. Johann Sebastian Bach und Franz Liszt prägten Weimar musikalisch und Herzogin Anna Amalia beeinflusste die Kulturentwicklung der Stadt maßgeblich. Paul Klee, Johannes Itten, Wassily Kandinsky und viele weitere Künstlerinnen und Künstler inspirierte die Stadt zu neuen Werken. Hier wurde das Bauhaus gegründet, von hier wurde es aber auch vertrieben. Man stellte »Entartete Kunst« aus und man errichtete ein Konzentrationslager auf dem Ettersberg, das uns bis heute Mahnung ist: Man blickt in Weimar zu großen Namen auf und man blickt hinab in geschichtliche Abgründe.

Die Geschichte der Stadt ist so spannend, facettenreich und ambivalent, dass erst die Summe der Erzählungen über Weimar ein Bild abgeben, das der Stadt gerecht wird. In diesen

Reigen reiht sich die »Kleine Stadtgeschichte« ein und sticht dabei mit neuen Erkenntnissen des Autors, wissenswerten Anekdoten und Auszügen aus historischen Dokumenten hervor. Ich danke Herrn Jena und allen Mitarbeiterinnen und Mitarbeitern sowie jenen, die dazu beigetragen haben, dass dieses Buch nun veröffentlicht vorliegt.

Weimar, im Juni 2019   Peter Kleine
                                                         Oberbürgermeister

Vorwort – Die Stadt als Bibliothek

Die Stadt Weimar ist der Sammelpunkt einer großen Zahl
berühmter Schriftsteller, deren Schriften, in ganz Deutschland gelesen,
großen Einfluss auf die öffentliche Meinung haben …
Kaiser Napoleon I.

Weimar ist ohne die Geschichte des Umgangs mit dem Erbe der literarischen deutschen Klassik nicht denkbar. Die in Weimar und über die Stadt geschriebene Literatur füllt Bibliotheken. Das geflügelte Wort »*In Weimar muss man entweder Goethe oder sein Schreiber sein*« ist Programm und schließt im weiten Sinne Persönlichkeiten wie Johann Sebastian Bach, Friedrich Justin Bertuch, Franz Liszt, Johann Friedrich Preller oder die Meister des Bauhauses und viele Stadtbewohner ein.

Stadtgeschichten sind seit der Mitte des 18. Jahrhunderts verbürgt. All die vielen Erinnerungen, Reiseberichte, Dokumentationen, Monografien oder literarischen Darstellungen und poetischen Versuche standen bis zum Jahre 1918 im Lichte der Fürstenherrschaft. Beispielhaft Adelheid von Schorns Aufzeichnungen über das »nachklassische Weimar« oder auch Julius Schwabes »*Erinnerungen eines alten Weimarers an die Goethezeit*« – von den Zeugnissen Goethes, Wielands oder Herders und Schillers über das Leben in Weimar gar nicht zu reden. Aufzeichnungen über das »von unten« betrachtete Weimar wie z. B. von Franz David Gesky besitzen einen originellen Eigenwert. Und erst die Manuskripte der vielen geistvollen Damen – Schopenhauer, Egloffstein, Göchhausen, Krackow …!

Die Deutungshoheit über Persönlichkeiten und Ereignisse der Stadt lag bis 1918 primär in Weimar und an seinem Hof selbst. Nationale Bestrebungen zur Würdigung der Klassik, wie sie im 19. Jahrhundert in verschiedenen Projekten z. B. für eine Goethe-Stiftung zum Ausdruck kamen, standen und fielen mit dem Votum der Ernestiner. Nach der Novemberrevolution von 1918 änderte sich dieses Alleinstellungsmerkmal: Das Deutsche

Luftbild der Weimarer Altstadt, im Vordergrund das Stadtschloss, links der Platz der Demokratie.

Reich knüpfte mit dem politisch geprägten Begriff »Weimarer Republik« an die humanistischen Traditionen der literarischen Klassik an und hoben sie auf die Ebene der Reichspolitik, ohne sie mit stabilen politischen Inhalten füllen zu können.

Die Nationalsozialisten verwandelten Weimar von ihren politischen Zentralen in München und Berlin aus in die geliebte »Heimstatt des Führers« und nahmen Weimars Bürger quasi in Geiselhaft, indem sie auf dem Ettersberg mit dem KZ Buchenwald ein Beispiel höchster Menschenverachtung schufen.

Nach dem Zweiten Weltkrieg wurde Thüringen für die »proletarische Diktatur« nach sowjetischem Vorbild requiriert. Die SED-Führung in Berlin betrachtete Weimar als Ausgangspunkt und Kern ihres Antifaschismus wie auch der sozialistischen Kulturpolitik. Im Kalten Krieg wurde die Stadt zum Aktionsfeld des deutsch-deutschen Kulturkampfs, der Freunde und Gegner auf beiden Seiten besaß und hie wie dort zu Höchstleistungen in der Erbe- und Traditionspflege anspornte. Die Gründung der »Nationalen Forschungs- und Gedenkstätten der klassischen deutschen Literatur« und das Fortbestehen der gesamtdeutschen »Goethe-Gesellschaft« waren sichtbarer Ausdruck des Widerstreits.

Mit dem Beitritt der DDR zum Geltungsbereich des Grundgesetzes der Bundesrepublik Deutschland am Beginn der 1990er-Jahre trat für Weimar eine historisch nicht gekannte Situation ein: Zum ersten Mal in der Geschichte bestimmten weder ein Landesfürst noch ein »Führer« noch ein Generalsekretär, wie die Bürger über ihren Goethe zu denken hatten. Geistiges Nachsinnen um weltoffene Werte sollte von nun an allein den Grundregeln der freiheitlich demokratischen Wertegemeinschaft und der sozialen Marktwirtschaft folgen. Der aus historischen Gründen unendlich schwierige Weg dahin erhielt einen zielorientierten praktischen Impuls: Weimar wurde 1999 europäische Kulturhauptstadt – mit allen kurz- und langfristig wirkenden Konsequenzen.

Die Darstellung der Stadtgeschichte ruhte weder in der Zeit des Nationalsozialismus noch in der DDR. Wie kompliziert die Erkenntnisgewinnung in der DDR zwischen einer auf Quellen beruhenden soliden Forschungsarbeit und der sozialistischen Siegesgewissheit gerade im deutsch-deutschen Weimar gewesen ist, dokumentiert die 1975 veröffentlichte »Geschichte der Stadt Weimar« von Lothar Wallraf und Gitta Günther. Darüber hinaus hat sich z. B. Letztere über politische Grenzen hinweg auch in den letzten 25 Jahren um die Stadtgeschichte Weimars verdient gemacht.

Mit der »Wende« haben sich die methodischen Prinzipien historischer Betrachtungen verändert: Die Kulturgeschichte und das Leben von Persönlichkeiten sind ins Zentrum der Betrachtung getreten. Auch hier hat das Kulturstadtjahr determinierend gewirkt. Abgesehen von der Masse an Veröffentlichungen, die Vergangenheit und Gegenwart Weimars für den internationalen Tourismus aufschließen, haben einzelne Historiker und die neu formierten Institutionen der Klassik-Stiftung, des Landesarchivs oder des Stadtarchivs usw. umfassende Darstellungen veröffentlicht, deren Schwerpunkte eindeutig in der Kulturgeschichte liegen.

Die nun vorliegende *Kleine Stadtgeschichte* folgt diesem Trend, weil sie sich an die heutigen Besucher Weimars wendet, vor allem jedoch, weil sein Platz in der Geschichte objektiv durch die Kulturgeschichte bestimmt wird und sich das allgemeine öffentliche Interesse an der Weimarer Klassik, der Weimarer Musik und an der Weimarer Moderne orientiert. So ist es ganz natürlich, dass auch der Autor dieser *Kleinen Stadtgeschichte* den umfassenden und grundlegenden kulturhistorischen Arbeiten der ausgewiesenen Meister moderner Stadtgeschichtsschreibung Weimars, u. a. Friederike Schmidt-Möbus / Frank Möbus, Siegfried Seifert, Jochen Klauss, Volker Wahl, Gerhard Müller oder Annette Seemann, besondere Aufmerksamkeit und demütige Achtung zollt. Zugleich legt der Autor Wert darauf, dem Leser selbst in diesem durch die Reihenvorgaben knappen Rahmen eigene neue Erkenntnisse vorzustellen, die über vorgegebene Leitbilder hinausgehen.

Alle Leser, die in diesem Taschenbuch diese oder jene bedeutsame Persönlichkeit vermissen, dieses oder jenes Ereignis stärker betrachtet sehen wollen, werden auf das Literaturverzeichnis verwiesen – dort finden sich trotz des Auswahlcharakters durch den Verweis auf Quellen und literarische Arbeiten aus den letzten Jahrzehnten genügend einschlägige Titel, die der reichen Gesamtgeschichte dieser denkwürdigen Stadt gerecht werden.

Der Autor dankt dem Verlag Friedrich Pustet und der Lektorin Christiane Abspacher und der Gestalterin Julia Wagner für das Vertrauen, diese *Kleine Stadtgeschichte* angesichts der unermesslichen Literatur, die über Weimar in der Welt ist, schreiben zu dürfen.

Rockau, im Sommer 2019   Detlef Jena

Ein Ort nirgendwo in der Mitte Europas

Weit, hoch, herrlich der Blick
Rings ins Leben hinein!
Von Gebirg zu Gebirg
Schwebet der ewige Geist,
Ewigen Lebens ahndevoll.
JOHANN WOLFGANG VON GOETHE
AUF DEM ETTERSBERG

Von der Ehringsdorferin bis zum Thüringer Reich: Weimars Ursprünge

Die Ur-Weimarerin lebte im heutigen Ortsteil Ehringsdorf. Kam sie nur zu Besuch, wer hat sie begleitet, war sie vor 200.000 Jahren oder früher hier? – Das sind Anfangsfragen an Weimar und dessen Geschichte. Tatsache ist, dass die Weimarer Mulde für die Urväter und Urmütter über Jahrtausende hinweg eine beliebte Verweilregion gewesen ist. Die relative Zeitlosigkeit hat den frühen Menschen begleitet, und der hat seine Schnurkeramiken und Glockenbecher, aber dann auch schon Äxte und Schmuck recht arglos liegen gelassen.

Das eifrig frequentierte Ilmtal lockte Ackerbauern und Viehzüchter an. Darüber vergingen Jahrtausende. Weimarer Gräberfelder aus den Jahren um 2000 v.Chr. erscheinen da schon fast modern! Kelten wie Germanen haben zwischen 1000 v. Chr. und 500 n. Chr. – grob überschlagen – wahre Schätze ihrer Stammeskulturen aus Haus, Hof, Acker und Wald, aber auch im kriegerischen Feld so fest in die Erde gepresst, dass die Ur- und Frühgeschichtsforscher allzeit gute Arbeit haben. Die frühen Thüringer *(Toringi)*, formiert von ortsansässigen und aus dem Osten zugewanderten Stämmen, taten ein Übriges, um den Ortsnamen »Weimar« in die Welt zu bringen. Sie prägten den Begriff *Vimari* und bedachten damit ihre an einem heiligen

Szenen aus dem Leben des Bonifatius: Heidentaufe (oben) und Märtyrertod (unten) im Fuldaer Sakramentar (Anfang 11. Jahrhundert)

See gelegene Kultstätte. Es wäre zu schön, wenn der Weimarer Schwansee gemeint gewesen wäre, der sich fabelhaft in die historische Gesamtvita der Stadt einpasst.

Der Wichtigkeit Weimars angepasst erscheint auch seine Erwähnung als Knotenpunkt im großen Thüringer Königreich des 5./6. Jahrhunderts. Die Könige Bisin und Herminafried dürften *Wimari* besucht haben. Zumindest sprechen die Gold- und Silberfunde im späteren Jakobsviertel von der Existenz schon privilegierter Persönlichkeiten. Es war das Jahrhundert der Völkerwanderung, des Vorstoßes der Hunnen unter König Attila aus dem Innern Asiens, in dem das Thüringer Reich zu europäischer Größe gewachsen ist. Nach der Unterwerfung in der Schlacht an der Unstrut 531 durch ein fränkisches Heer und dem Untergang des Thüringer Reichs verlosch zugleich *Wimaris* bescheiden aufflackerndes Licht in der Geschichte. Abseits fränkischer Machtpolitik wurde erst ein Jahrhundert später durch die Merowinger ein Herzogtum Thüringen gegründet, und die Missionsreisen v. a. des heiligen Bonifatius zur Christianisierung führten 741 zur Gründung des Bistums Erfurt.

Die religiös-politische Aufwertung der Region erfasste auch das Ilmtal und förderte den Zuzug slawischer Siedler. Der überzeugende Beleg: ein befestigter Adelshof mit frühchristlicher Martins-Kirche als Kern einer auf Sesshaftigkeit orientierten Gemeinde. 899 tauchte in einer Urkunde des Kaisers Arnulf zum ersten Mal ein Ort namens *Vvigmara* auf. Weimars Annalen vermerken stolz die damit verbundene historische Ersterwähnung der Stadt. Ganz sicher ist die Vermutung allerdings nicht!

Im Vergleich zu den vorausgegangenen Zeiten nahm das Tempo der urbanen Evolution jetzt erheblich an Fahrt auf. Bereits 949 hat sich ein Adelsgeschlecht, das den modischen Vornamen Wilhelm favorisierte, in dem zur Burg ausgebauten Adelssitz etabliert. Prompt wurden die Wilhelme in regionale Händel verwickelt, unter denen die Bewohner auf dem ziemlich eng begrenzten Areal der späteren Jakobsvorstadt zu leiden hatten. Die dort siedelnden Menschen haben reichhaltige Artefakte hinterlassen. Ihre Namen, Gesichter oder gar Gefühle bleiben im Dunkel der Geschichte verborgen.

Weimar tritt bescheiden in die Geschichte ein

Sollte der Name *Vvigmara* aus dem Jahre 899 tatsächlich »unser« Weimar gemeint haben, so wurde daraus bis zum Jahre 975 *Wimares* – so in einer Urkunde König Ottos II. für das Kloster Fulda –, ein kleiner Ort mit frühmittelalterlichen Strukturen, möglicherweise gruppiert um eine Wasserburg, deren Herr Graf Wilhelm war. Die Grafen von Wimares dehnten ihren Besitz an der Saale aus und nahmen endlich den Titel der Grafen von Weimar-Orlamünde an.

Die Grafenburg stand vielleicht schon am Platz des späteren Weimarer Stadtschlosses. Schritt für Schritt wuchs die Siedlung als Versorgungsraum für die Burgherren zur Jakobsvorstadt heran. Eine ältere Linie der Grafen von Weimar-Orlamünde starb 1122 aus. Nach Erbstreitigkeiten fiel der Besitz schließlich an das Adelsgeschlecht der Askanier. Albrecht der Bär, Markgraf von Brandenburg, ließ seinen Sohn Hermann I. als Graf von Orlamünde-Weimar die thüringischen Besitzungen verwalten.

Die Askanier behaupteten sich über Jahrzehnte hinweg tapfer gegen die nicht minder unersättlichen Machtansprüche der Ludowinger – der Landgrafen von Thüringen. Sie verteidigten ihre Burg und gründeten im *Oberenwimare* ein Zisterzienserinnenkloster. Die Klosterkirche St. Peter und Paul wurde bis in das 13./14. Jahrhundert mehrfach umgebaut und erweitert – ein Beleg für die standhafte Etablierung der Grafschaft und dafür, dass Oberweimar neben der Jakobsvorstadt und der Burg zum dritten Siedlungskern der späteren Stadt heranwuchs.

1250 – Eine kleine Stadt wird geboren!

Um 1250 folgte ein historischer Schritt: Graf Hermann III. von Weimar-Orlamünde, dessen Wappen später als Stadtwappen dienen sollte, gründete offiziell die Stadt Weimar mit eigenem Marktrecht und niederer Gerichtsbarkeit. Zunächst nahm die befestigte innere Stadt nur den Raum des historischen Eisfeldes (der Name existiert heute noch) und des aktuellen Herderplatzes, des früheren Töpfermarktes, ein.

Ein Rathaus und die Kirche St. Peter dominierten einen Marktplatz; ein Gebäude für den ortsansässigen Deutschritterorden kam hinzu. Das Jakobstor, das Kegeltor und das Frauentor grenzten den Stadtkern gegenüber der Burg und der Jakobsvorstadt sowie dem Kloster in Oberweimar ab.

So trutzig und gegliedert das Gemeinwesen auch wirkte, es besaß einen gravierenden Nachteil: Weimar entstand abseits so bedeutender Handelsstraßen wie der *via regia*, die einen nachhaltigen Einfluss auf das Wachstum aller sie berührenden städtischen Zentren ausübten. Weimars wirtschaftliche Infrastruktur befriedigte eigene Bedürfnisse. Es besaß zugleich einen natürlichen Schutz: Die Ilm erlaubte ein verzweigtes Grabensystem, das durch Wälle oder Palisaden ergänzt wurde.

Aus der Gründungsperiode haben einige Details die Zeiten überlebt. 1262 dokumentierte z. B. ein Siegel mit der Inschrift *sigilum civium nostrorum in Wimar* eine organisierte Bürgerschaft mit eingesessenen Handwerkern, die u. a. in der Windischen- oder Gerberstraße (Louvergasse) arbeiteten.

Wie fleißig Handwerker und Kaufleute auch in schlichten Behausungen wirkten: Verheerende Rückschläge blieben nicht aus. 1299 brannte nahezu die gesamte Stadt, einschließlich der Burg nieder. Der Wiederaufbau erweiterte den Stadtkern bis auf den heutigen Marktplatz. Ein neues Rathaus erleichterte der Verwaltung die Übersicht über das Tun der Bürger.

Hunderte Zuwanderer erwarben bis in die Mitte des 15. Jahrhunderts das Bürgerrecht. Sie wussten es zu nutzen, dass Weimar sich seit 1348 selbst verwalten durfte, eine eigene Ratsverfassung besaß, Polizeirechte ausübte und seit 1370 über die eigene Finanzhoheit verfügte.

Die Bürger mussten für ihre eigene Sicherheit sorgen. Mit hohem Kostenaufwand errichteten sie Mauern, Türme und Tore aus Stein. Bis ins 16. Jahrhundert dauerte der Bau der Stadtbefestigungen. Ein doppelter Mauerring prägte das Stadtbild und festigte den Bürgerstolz, der auch in einer seit 1430 existierenden Schützengesellschaft zum Ausdruck kam, die sich bei der Verteidigung der Stadt ebenso bewährte wie bei ausgedehnten Schützenfesten.

HINTERGRUND

> **WEIMARS STADTWAPPEN**
> Der Löwe im herzbestreuten Schild ist zunächst das Wappen der Grafen von Weimar-Orlamünde gewesen. Seine ursprüngliche blaue Färbung geht auf die dänische Prinzessin Sophia, die Gemahlin Siegfrieds III. (1176–1206), zurück. Nach Übergang der Grafschaft in wettiner Besitz wurde es schwarz umgefärbt.
> In der Zeit von 1938 bis 1945 wurde ein neues Stadtwappen verwendet: ein aus vier Adlerköpfen gebildetes, altrotes Hakenkreuz in Goldfassung, über das ein goldenes, vierspeichiges Rad gelegt war. Die heute gültige Wappenform wurde 1975 im Rahmen der 1000-Jahr-Feier Weimars eingeführt.

Es waren kriegerische Jahrzehnte. Ludowinger und das Geschlecht der Wettiner rangen verbissen um die Vorherrschaft in Thüringen. Die Grafen von Orlamünde-Weimar mussten sich 1346 den Wettinern beugen und verloren ihre Reichsunmittelbarkeit. 1382 fiel Weimar an die thüringische Linie der Wettiner, konnte daraus jedoch Vorteile ziehen.

Die neuen fürstlichen Herren betrachteten die Stadt als anheimelnden Ort, an dem es sich gemütlich leben ließ und von dem aus man seinen Besitz mit beschaulicher Gelassenheit verwalten konnte, natürlich nachdem die örtliche Administration standesgemäße städtebauliche Arrangements getroffen hatte.

Historische Weichenstellung: Verwaltungszentrum und Nebenresidenz

Frauentor-, Neutor-, Jakobs- und Kegeltorviertel nahmen städtebauliche Gestalt an. Mit der Jakobsvorstadt, dem vor den Toren gelegenen Laurentiusspital und der Marienkapelle sowie Oberweimar mit dem Kloster gewann die Stadt weiter an urbanem Aussehen. Sie profitierte von der kalkulierten Nachsicht des neuen Landesherrn, Friedrichs IV. des Friedfertigen, Landgraf von Thüringen und Markgraf von Meißen. Der forderte zwar die üblichen Kriegsdienste ein, verlieh Weimar aber im September 1410 das Stadtrecht nach dem Vorbild seiner Geburtsstadt Weißensee.

Das Weimarer Stadtwappen.

Die Privilegien schützten die Kommune nicht vor Pestepidemien. Durch den großen Brand von 1423 verlor sie die Hälfte der Wohnhäuser, die Burg, das Rathaus und die Kirche St. Peter. Weimar, das sich mit seinen Festungs- und Repräsentativbauten schon so hübsch gemausert hatte, musste Jahre um Jahre darum ringen, die Feuerschäden zu beseitigen. Selbst die neu errichtete Burg Hornstein wurde erst nach fast zwei Jahrzehnten fertig gestellt.

Der Wiederaufbau und die Ansiedlung landgräflicher Verwaltungen festigten die Stadtorganisation wie auch das Selbstbewusstsein der Bürger. Die ewigen Erbstreitigkeiten unter den Wettinern lähmten die Stadtentwicklung durchaus. Doch Weimar nahm den Kampf um seine Rechte und Privilegien auf und behauptete sich. Allerdings ohne jede Chance, in den Reigen der großen mittelalterlichen Reichsstädte mit ihren wohlhabenden Kaufleuten aufsteigen zu können.

1443 bestätigen Kurfürst Friedrich II. und Herzog Wilhelm III. der Tapfere von Sachsen dem Rat der Stadt die bereits geltenden Privilegien. Wilhelm nutzte Weimar sogar als bevorzugte Residenz. Er berücksichtigte dabei allerdings eher die Ärgernisse mit den rivalisierenden sächsischen Vettern als die liebliche Lage der Stadt. Die zählte damals etwa 1550 Steuer-

HINTERGRUND

GESCHICHTE DES HORNSTEINS
Schon die Thüringer Könige hielten vermutlich im 6. Jahrhundert am Ufer der Ilm Hof. Graf Wilhelm von Weimar hielt unter Kaiser Otto II. im *Hus tu Wymar* einen *Conventus magnus* ab. Die Grafen von Weimar-Orlamünde bauten das *Hus* zur Wasserburg aus. 1299 brannte die hölzerne Burg ab, die von den Wettinern neu errichtet wurde. 1424 fiel sie mit der Stadt erneut dem Feuer zum Opfer. Wilhelm der Tapfere, der erste Wettiner, der hier längere Zeit Hof hielt, ließ die Burg als steinerne Anlage wieder aufbauen und bezog sie im Jahre 1439. Damals entstanden der heute noch existierende Hausmannsturm (von den Hofdamen spöttisch »Bastille« genannt) und der Torbau. Als Johann der Beständige 1513 in Weimar eine eigene Hofhaltung einrichtete, trug die Burg bereits den Namen »Hornstein«.

Ab 1535 wurde die spätgotische Burg durch die Baumeister Konrad Krebs und Nikolaus Gromann im Auftrag des Kurfürsten Johann Friedrich I. zum Renaissance-Schloss umgestaltet. Mit dem *Grünen Haus* war die Anlage 1604 fertig gestellt, noch als wehrhafte Schlossanlage und rings von Wassergräben umgeben. Am 2. August 1618 brannte das Schloss zur Hälfte nieder. Herzog Johann Ernst d. J. verpflichtete den italienischen Baumeister Giovanni Bonalino mit dem Wiederaufbau, der 1619 begann. Der Hornstein sollte einer aus Italien inspirierten Vierflügelanlage weichen, die allen repräsentativen Zwecken genügen konnte. Der zentrale Platz war einer Kirche zugedacht, die auch als einziges Gebäude fertig gestellt wurde.

bürger in über 200 Häusern. Dass die Stadtkirche 1498 als dreischiffige Hallenkirche neu errichtet wurde, stärkte das Ansehen ebenso wie der Aufbau einer komplexeren Verwaltung. In den vier Stadtvierteln und Vorstädten gab es Kirchen und geweihte Kapellen. Zisterzienserinnen, Franziskanerinnen-Tertiarierinnen und Franziskaner unterhielten lebendige Klöster mit kultureller und wirtschaftlicher Ausstrahlung. Kommune und Kirchen betrieben vier Hospitäler, deren Leistungen bereits differenzierten Einkommensgruppen Rechnung trugen: Betuchte Bürger gingen in das Laurentiusspital vor dem alten Kegeltor und mieden das Nikolaushospital der Armen am Asbach.

Auch der Deutschritterorden beeinflusste das Leben in der Stadt spürbar. Selbst wenn heute nur noch der Name Rittergasse oder das Alte Gymnasium am Herderplatz als Nachfolgebau an den einstigen Hauptsitz der Brüder mit dem schwarzen Kreuz auf den weißen Mänteln erinnern, sie nahmen in allen Bereichen des politischen, religiösen, geistigen oder wirtschaftlichen Lebens eine gestaltende Position ein. Landesherr, Stadtrat, Kirche und Orden rangen z. B. über Jahre hinweg um die Abgrenzung ihrer Kompetenzen in der Schulbildung. Letztlich einigte man sich nach dem Machtwort des Landesherrn auf Kompromisse, die jeder Seite das Mitspracherecht bei der Besetzung von Lehrerstellen einräumten, ohne die Vorrechte der Kirche und des Deutschen Ordens zu gefährden. Man musste und wollte sich verständigen, denn schließlich ließen die Deutschritter die Stadtkirche St. Peter und Paul auf ihre Kosten neu aufbauen und erlaubten, dass die Kirche Grabstätte der Herrscherfamilie wurde.

Doch alle Bemühungen, aus Weimar eine Residenzstadt mit frühneuzeitlichen Ordnungsprinzipien wachsen zu lassen, stießen sich noch an mittelalterlichen Alltagsgewohnheiten der Ackerbürger. Schmutz, Gestank, Epidemien und härteste Arbeit begleiteten sie jeden Tag auf Schritt und Tritt. Von Goethes späterer Vision im »Osterspaziergang« des »Faust«, in dem sich die Menschen aus der »quetschenden Enge« ihrer dumpfen Straßen befreien, war Weimar am Beginn des 16. Jahrhunderts noch weit entfernt.

Die nach der berüchtigten »Leipziger Teilung« von 1485, in der die Wettiner ihren Besitz in einen »ernestiner« und einen »albertiner« Teil aufspalteten, zunehmenden Aufenthalte des Landesherrn auf der Weimarer Burg verlangten von den Stadtbürgern zusätzliche und ungewohnte Lasten. Dazu gehörten Aufwendungen zur Instandhaltung der Gebäude und Anlagen, für die Versorgung der Hofgesellschaft mit Nahrungsmitteln, Luxusgütern und Kleidung. Es ist jedoch sehr wenig darüber bekannt, welche Personen im Weimarer Handel und Gewerbe zu jener Zeit bereits in der Lage waren, die Bedürfnisse des Hofs zu erfüllen. Doch Turniere, Hoffeste oder Jagden bestaunten die Stadtbürger nicht nur als passive Gaffer aus der

Ferne: Die Pracht des Hofes förderte Händler, Handwerker, Sänger, Gaukler oder Schausteller, ein städtisches Eigenleben zu entwickeln, und animierte die Bürger zu eigenem profitablem Tun – trotz der Fäkalien auf den Gassen, trotz der Strohdächer und trotz des Hausviehs, das jedermann vor die Füße lief, ob er nun grobe Leinengamaschen oder feine Schnallenschuhe trug.

Jährlich zu Pfingsten und im Oktober organisierte Weimar Jahrmärkte, auf denen alles gekauft und verkauft werden durfte, was die eigene Arbeit abwarf, und auf denen man die Lebensfreude ausspielen konnte. 1456 kamen die Viehmärkte hinzu, aus denen später der berühmte Zwiebelmarkt erwuchs. Ob in den ärmlichen Häusern der Ackerbürger, ob in der Burg, in Badehäusern, auf den Märkten – das Weimarer Bier, dessen Reinheitsgebot das Stadtbuch bereits 1348 festgelegt hatte, schmeckte überall, und hinsichtlich der Trinkfreude unterschieden sich die Bewohner von keiner anderen Stadt in den so vielschichtigen deutschen Landen. Da waren sich die Weimarer Bäcker und Müller, Fleischer und Knochenhauer, Schuster, Gerber, Leineweber, Wollweber, Tuchmacher oder Schneider in ihren Innungen und Zünften einig.

Ihre eigene Stadtordnung galt ihnen etwas. Das Stadthaus am Markt ging z. B. auf ein Lehen des Landgrafen aus dem 15. Jahrhundert zurück: Die Stadt durfte dort ein Kaufhaus mit Brot-, Fleisch-, Schuh- und Lederbänken einrichten, das auch anderen Gewerken und einem Schenkkeller zur Verfügung stand. Außerhalb des Gebäudes durften Waren nur auf dem Markt verkauft werden. Ein direkter Handel mit den Bauern war den Bürgern und Handwerkern im Interesse der städtischen Finanzen streng verboten.

Überschaut man die ca. 250 Jahre von der Stadtgründung bis zum Ende des 15. Jahrhunderts, so entwickelte sich Weimar im ständigen Wechselspiel zwischen der jeweiligen Landesherrschaft, der Kirche und der »frei machenden« Stadtluft zu einer bescheidenen Gemeinschaft von Handwerkern, Kaufleuten und Ackerbürgern. Von Weimar gingen in dieser langen Spanne jedoch keine nachhaltigen Impulse aus, die darauf hingedeutet hätten, dass die Stadt in einer Zeit, in der die Hanse

Friedrich III. der Weise, Kurfürst von Sachsen. – Lithographie von Adolph Friedrich Kunike, um 1820.

den europäischen Markt beherrschte, Columbus Amerika entdeckte oder die Fugger riesige Kapitalien realisierten, irgendeine Beachtung oder gar Aufsehen erregende Stellung im Heiligen Römischen Reich Deutscher Nation einnehmen könnte, weder in der Wirtschaft noch in der Kunst oder Kultur.

Erst mit der »Leipziger Teilung« der Wettiner von 1485 wurden handfeste Voraussetzungen für eine geradezu erstaunliche Wende im Leben Weimars geschaffen. Kurfürst Ernst erhielt den größten Teil Thüringens, v. a. aber den Kurkreis Wittenberg, dem er den Kurhut verdankte. Er wurde der Begründer der ernestiner Linie der Wettiner. Weimar blieb im kurfürstlich-ernestiner Sachsen neben der Hauptresidenz Wittenberg zunächst Zweitresidenz mit noch sehr verhaltenem Eigenleben. Ernst starb 1486, ein Jahr nach der »Leipziger Teilung«. Seine Söhne und Thronfolger Friedrich III. der Weise und Johann der

Beständige übten in den folgenden Jahrzehnten entscheidenden Einfluss auf die Geschicke Weimars aus.

Es kann nicht oft genug betont werden: Auf dem Höhepunkt ihrer Machtentfaltung im gesamten Reich begingen die Wettiner in Leipzig einen großen Fehler: Sie gaben ihre territoriale Hausmacht ohne Not aus der Hand. Es ist eine Ironie der Geschichte, dass Weimar seinen Aufstieg inmitten einer kulturell so vielgestaltigen kleinstaatlichen Landschaft dieser reichspolitisch fundamentalen Fehlentscheidung verdankte.

Im Sog der Weltenwende:
Residenz fürstlicher Reformer

Luther war ein Genie sehr bedeutender Art!
er wirkt nun schon manchen guten Tag,
und die Zahl der Tage, wo er in fernen Jahrhunderten
aufhören wird productiv zu sein, ist nicht abzusehen.
JOHANN WOLFGANG VON GOETHE

Die Stadt gerät in die deutsche Politik

Der Wandel ließ sich nach der »Leipziger Teilung« geruhsam an. Der Rat huldigte den neuen Landesherren, und die versprachen Stabilität in den Stadtrechten und -pflichten. Ob die bis auf 1800 wachsende Einwohnerzahl bereits der verstärkten Aufmerksamkeit Friedrichs und Johanns zu verdanken war, mag dahingestellt bleiben. Zumindest ist für das Jahr 1502 in der Windischenstraße eine Münzstätte nachgewiesen und die Zahl bewaffneter Bürger stieg auf 196 an.

Der entscheidende Paukenschlag folgte fast zwei Jahrzehnte später. Im Oktober 1517 schlug Martin Luther ein Papier mit 95 Thesen gegen den katholischen Ablasshandel an das Tor der Schlosskirche zu Wittenberg (nehmen wir einmal an, gerade so sei es geschehen) und löste eine geistliche, geistige und sozialpolitische Bewegung aus, die als Reformation in die Weltgeschichte eingegangen ist. Luther kam am 29. September 1518 zum ersten Mal nach Weimar, las im Franziskanerkloster die Messe und predigte in der Stadt- und in der Schlosskirche. Er befand sich auf dem Wege nach Augsburg, wo er sich für seine Thesen rechtfertigen sollte.

Drei Jahre vergingen. 1521, unterwegs zum Reichstag in Worms, passierte der bereits mit dem Kirchenbann belegte Luther erneut Weimar, Lucas Cranach d. Ä. malt gerade die Orgel in der Schlosskirche aus. In Worms widerrief Luther seine Thesen nicht und wurde in die Reichsacht gelegt. Die nachfolgende Episode durchzieht alle deutschen Geschichtsbücher als brillanter Coup zum Nutzen der deutschen Nationalkultur: Die Wittenberger und Weimarer Herren Friedrich und Johann versteckten den »Junker Jörg« für zehn Monate auf der Wartburg, und der dankte es ihnen mit seiner Bibelübersetzung. Die Fürsten stellten sich mit diesem Streich politisch gegen den Kaiser und die Papstkirche.

Friedrich der Weise war ein gläubiger Katholik, der Reliquien sammelte. Gegenüber Luther übte er Distanz und hat ihn nie empfangen. Friedrich unterlag dem ewigen Trauma deutscher Machtpolitiker. Er trat gegen die Zentralgewalt des Kaisers, für eine Stärkung der Territorialfürsten und gegen die Übermacht der Papstkirche auf. Außerdem grollte er dem Papst, weil dieser den Herzenswunsch des Sachsen, die Kaisertochter Margarete von Österreich zu heiraten, vereitelte.

Luthers Aufbegehren spielte Friedrich nun politisch in die Hände. Die Geschichte hat ihm den Beinamen »der Weise« gegeben. Luther auf der Wartburg – das war ein Faustpfand, den Konflikt nicht zum offenen Bruch ausarten zu lassen. Friedrich genoss im Reich eine außerordentliche Wertschätzung und hatte 1519 maßgeblichen Einfluss auf die Wahl des Habsburgers Karl V. zum deutschen Kaiser genommen. Seine ausgleichende Beharrlichkeit war für Luther eine Chance, die Reformation voranzutreiben. Der Wittenberger durfte sich auch auf Friedrichs Bruder Johann den Beständigen stützen, zu dem er persönliche, freundschaftliche Beziehungen unterhielt.

Die politischen Ränkespiele berührten Weimar direkt. Luthers Predigten in der Stadt vermittelten dem Volk eine lebendige Anschauung von seinen Ansichten. Die Anwesenheit von Franziskanern und Deutschrittern trug dazu bei, dass die reformatorische Auseinandersetzung Eingang in das geistige Leben der Stadt fand und sich in hitzigen Debatten niederschlug. Weimar wurde für Luther zwar kein geografischer Kristallisationspunkt bei der Verbreitung seiner Ideen. Aber die Predigten, die er im Oktober 1522 in der Stadt- und in der Schlosskirche hielt und die sich mit den beiden Reichen –

LUTHER ÜBER WELTLICHE OBRIGKEIT
»Doch solche Welt soll solche Fürsten haben, daß kein Teil sein Amt wahrnehme. Die Bischöfe sollen das Wort Gottes liegen lassen und die Seelen nicht damit regieren, sondern sollen den weltlichen Fürsten befehlen, daß diese mit dem Schwert daselbst regieren. Umgekehrt sollen die weltlichen Fürsten Wucher, Raub, Ehebruch, Mord und andere böse Werke hingehen lassen und selbst treiben, danach von den Bischöfen mit Bannbriefen strafen lassen, und so den Schuh fein umkehren: mit Eisen die Seelen und mit Briefen den Leib regieren, daß weltliche Fürsten geistlich und geistliche Fürsten weltlich regieren. Was hat der Teufel sonst auf Erden zu schaffen, als daß er mit seinem Volk so gaukele und Fastnachtspiel treibe? Das sind unsere christlichen Fürsten, die den Glauben verteidigen und den Türken fressen. Ja freilich feine Gesellen, auf die gut zu vertrauen ist: sie werden mit solcher feinen Klugheit etwas ausrichten, nämlich, daß sie den Hals brechen und Land und Leute in Jammer und Not bringen.«
(Auszug aus Luthers Schrift »Von weltlicher Obrigkeit, wieweit man ihr Gehorsam schuldig sei«)

demjenigen Gottes und dem der weltlichen Fürsten – beschäftigten, wurden grundlegender Bestandteil seiner Lehre.

Dank Friedrichs und Johanns Einfluss hat sich die Reformation in Weimar durchgesetzt. 1523 gab es erstmals getrennte Gottesdienste der katholischen und der protestantischen Kirche. Als Luther und Philipp Melanchthon 1524 den aus Kronach stammenden Prediger Johannes Grau nach Weimar schickten, der gegen das katholische Keuschheitsgebot verstoßen und geheiratet hatte, ging Aufruhr durch die Stadt. Franziskanern und Deutschordensrittern wurden Predigten und Prozessionen untersagt. Grau wurde der erste lutherische Superintendent in Weimar. Doch was wäre aus ihm und der Reformation geworden, wenn es nicht Herzog Johann den Beständigen gegeben hätte!

Zehn Tage bevor das Heer der aufständischen Bauern unter Thomas Müntzer bei Frankenhausen geschlagen wurde, starb am 5. Mai 1525 Kurfürst Friedrich der Weise; sein Bruder Johann übernahm die Kurwürde. »Herzog Hans«, wie ihn Luther nannte, hatte schon zuvor in Weimar Beratungen geführt, wie die Reformation politisch umgesetzt werden könnte. Die Niederlage der Bauern bei Frankenhausen und der Tod Müntzers machten den Weg für eine politisch-theologische Institutionalisierung des Luthertums frei.

Herzog Johann verordnet die Reformation

Bevor Johann in die kurfürstlichen Residenzen Wittenberg und Torgau wechselte, vollzog er einen grundsätzlichen Schritt: Am 17. August 1525 bestellte er die gesamte Geistlichkeit des Amtes Weimar in das Residenzschloss ein. Pünktlich um ein Uhr am Mittag eröffnete der Weimarer Hofprediger Wolfgang Stein die Versammlung mit einer Gardinenpredigt.

Er ermahnte die Kirchenmänner zu einer sittlichen Lebensführung und gebrauchte starke Worte. Wer bei Gott nicht keusch leben konnte oder wollte, sollte gefälligst heiraten! Ein unsittlicher Lebenswandel werde nicht länger geduldet! Auf die Predigt folgte, verlesen vom Rat Friedrich von Dohna, der fürstliche Erlass. Er verpflichtete alle Prediger und Pfarrer des Weimarer Amtes, »*das heylige Euangelion und Gottes wort/ lauter/ rain und klar/ und was dem gemeß ist/ ohn alle menschliche zusatzung und einmischung/ zu leren und zu predigen*«. Zuwiderhandlungen wurden unter strenge Strafe gestellt oder kosteten den Arbeitsplatz. Der Rat kündigte an, dass der Erlass, sobald Johann in Torgau Fuß gefasst habe, für das ganze Kurfürstentum gelten werde. Dann sollte eine »Reformation und Ordnung« herausgegeben werden, die alle kirchlichen Zeremonien regelte und für die Pfarrer verbindlich war.

Die Ausarbeitung dieser »Reformation und Ordnung« übernahm Luther 1526 persönlich. Die historische Bedeutung des Weimarer Erlasses vom 17. August 1525 bestand darin, dass sich die Ernestiner an diesem Tag und an diesem Ort offiziell von der katholischen Papstkirche lossagten und nicht erst auf dem Reichstag im Jahre 1526. Damit sich auch alle Bürger an die neue Ordnung hielten, ließ die Obrigkeit die Buchstaben VDMIAE an den Stadthäusern anbringen. Sie standen für den Wahlspruch der Fürsten: *Verbum domini manet in aeternum* – Das

JOHANN DER BESTÄNDIGE

Johann der Beständige (1468–1532) folgte seinem Bruder Friedrich dem Weisen in der Herrschaft. Seit 1513 regierte er einen Teil des Kurfürstentums von Weimar aus. Nach seiner zweiten Vermählung mit Margarete von Anhalt teilten er und sein Bruder Friedrich die kursächsischen Ländereien untereinander auf. Johann ließ sich fest in Weimar nieder, wo er seinen eigenen Hofstaat gründete. Gegenüber der Reformation bewies er die gleiche positive Haltung und Beständigkeit wie sein Bruder. Johann stand lange Zeit auf der Seite Luthers, der ein Abwehrbündnis gegen die Katholiken nicht für gut hieß. Der Reformator äußerte sich häufig positiv über Johann. Besonders für sein Verhalten auf dem Augsburger Reichstag 1530 lobte er ihn sehr: »*Ich glaube gewiß, daß der Kurfürst Johann von Sachsen den Heiligen Geist gehabt hat. Das hat er in Augsburg durch sein Bekenntnis trefflich bewiesen (…)*«. Des Öfteren soll Johann gesagt haben: »*Sagt meinen Gelehrten, daß sie tun, was recht ist, Gott zu Lob und Ehre, und auf mich und mein Land keine Rücksicht nehmen.*«

1527 wurde die Evangelisch-Lutherische Landeskirche gegründet, deren Landesbischof der Kurfürst war. Er gehörte 1529 zu den fürstlichen Vertretern der protestantischen Minderheit (Protestation) auf dem Reichstag zu Speyer. Nach seinem Tod wurde Johann neben seinem Bruder Friedrich dem Weisen in der Schlosskirche zu Wittenberg beigesetzt.

Wort des Herrn bleibt in Ewigkeit. Die Fürsten selbst und ihre Hofdiener ließen sich die Buchstaben sogar in die rechten Ärmel ihrer Kleider einsticken.

In Weimar begann der Weg zum landesherrlichen Kirchenregiment im Kurfürstentum Sachsen. Immer wieder zog es Johann danach an den Ort seines entschlossenen Handelns zurück. Noch zu seinen Lebzeiten wurde Weimar 1531 wie Torgau und Coburg zur Hauptresidenz des Kurstaates erklärt. Luther würdigte die Bedeutung der Weimarer Residenz 1532 in einer seiner Tischreden: »*Weimar ist das fürnehmste Amt, das der Kurfürst am bequemsten und leichtlichsten kann Haus halten, welches er auch für andern lobete. Denn da kann er sein Hoflager mit dreyhundert Pferden Jahr und Tag mit täglichem Einkommen halten, welches Torgau nicht vermag.*«

Als Johann 1525 seinen Erlass in Weimar verkünden ließ, hatte er zwar mit den Fürsten der umliegenden Herrschaftsgebiete die Risiken durchdacht. Aber Gewissheit über die Folgen konnte er nur in der praktischen Politik gewinnen. Gemeinsam mit seinem Sohn Johann Friedrich trieb er die Umstrukturierung des städtischen Lebens voran. Die Klöster wurden aufgelöst, die Verwaltung der Kirchengüter und die Neuorganisation der kirchlichen Gemeinde legte er in die Hände des Rates. Die Klöster hatten bis dahin das wirtschaftliche, religiöse, geistige, karitative und soziale Leben der Bürger maßgeblich beeinflusst. Bis 1533 verschwand auch die letzte Mönchskutte aus Weimar.

Es vollzog sich ein vollständiger Macht- und Kulturwechsel, dessen Verlauf und Ergebnisse zwar statistisch messbar sind, deren persönliche Folgen für das Leben der einzelnen Bewohner Weimars jedoch nur schwer nachvollzogen werden können. Die seit Jahrhunderten gepflegte Disziplin der katholischen Kirche konnte weder durch die 1530 erlassene Stadt-

Johann Friedrichs I. Rückkehr aus der Gefangenschaft und seine letzten Jahre. – Unbekannter Maler, Öl auf Holz, 1601–1630.

ordnung noch durch die 1531 erfolgte offizielle Erhebung zur Hauptresidenz kurzfristig aus den Köpfen der Menschen verbannt werden – bei aller politisch-administrativen Orientierung auf das Luthertum.

Gewinn aus der Niederlage im Schmalkaldischen Krieg

Der Macht- und Religionskampf war im Reich noch längst nicht entschieden. Über anderthalb Jahrzehnte rangen die 1530/31 im Schmalkaldischen Bund, geführt von Kurfürst Johann und ab 1532 von dessen Sohn Johann Friedrich I. dem Großmütigen, zusammengeschlossenen Fürsten gegen den katholischen Kaiser Karl V., bis sie 1547 in der Schlacht bei Mühlberg an der Elbe eine vernichtende Niederlage hinnehmen mussten – ausgerechnet gegen die wettiner Vettern der albertiner Linie! Der mit dem Tode bedrohte Johann Friedrich verlor die Kurwürde und einen großen Teil seines Besitzes. 1547 übersiedelte der Hofstaat von Torgau nach Weimar. Johann Friedrich folgte 1552, nachdem er aus der kaiserlichen Gefangenschaft entlassen worden war.

Weimar wurde nun endgültig zur Hauptresidenz eines kümmerlichen Restes einstigen dynastischen Glanzes der Wettiner – des Herzogtums Sachsen-Weimar. Die Reformation hatte den Strukturwandel Weimars eingeleitet – die Niederlage der Reformfürsten im Schmalkaldischen Krieg zog letztlich den Aufstieg Weimars nach sich! Zumindest diese Chance eröffnete sich der Stadt 1547.

Johann Friedrich wurde bei seinem Einzug 1552 enthusiastisch gefeiert und tief betrauert, als er zwei Jahre später starb. Sein Sohn Johann Wilhelm I. sorgte dafür, dass Weimar auf dem Weg zu einer zwar kleinen, aber gut geordneten Residenzstadt voranschritt. Der Hof auf dem Hornstein forderte und förderte Leistungen, die das Stadtbild wie die Bevölkerungsstruktur veränderten. Mit dem gestürzten Kurfürsten und der Reformation zog die Kunst als Sinn gebendes Strukturelement in die Stadt ein: Der Baumeister Nikolas Gromann und der Maler Lucas Cranach d. J. setzten, verbunden mit der Renaissance, nachhaltige Glanzpunkte.

Ein geschlossener Mauerring mit Türmen und Toren prägte das Bild einer Festung mit der Burg Hornstein als Kern. Aus der Burg erwuchs ein Renaissanceschloss, von dem nach zahlreichen Bränden und Umbauten nur noch das Torhaus mit dem schön verzierten Renaissanceportal an der Bastille erhalten ist. Von jener Zeit zeugen auch ein »Rotes« und ein »Grünes« Schloss sowie die Erinnerung an die umfangreichen Gartenanlagen (Welscher Garten), aus denen später der Ilmpark hervorgehen sollte.

Die Bautätigkeit in der zweiten Hälfte des 16. Jahrhunderts ist umso bemerkenswerter, als Herzog Johann Friedrich II. der Mittlere besonders gerne in Gotha residierte und zudem nach der unglücklichen Parteinahme im sog. »Grumbachschen Händel« ab 1566 bis zum Tode 1595 nur noch in kaiserlichen Gefängnissen einsaß. Vorher einigte er sich unfreiwillig mit seinem in Weimar lebenden Bruder Johann Wilhelm auf eine weitere Landesteilung: Der ältere Bruder erhielt Sachsen-Coburg

Johann Wilhelm I., erster Herzog von Sachsen-Weimar. – Ölgemälde auf Leinwand von Christoph Leutloff, ca. 1575.

und Eisenach, Johann Wilhelm bekam Sachsen-Weimar und gilt als der erste Herzog von Sachsen-Weimar.

»Hauptstadt« eines kleinen Herzogtums

Johann Wilhelms Herrschaft war getrübt von Glaubens- und Teilungskonflikten. 1573 starb er in Weimar, verbittert über das ungerechte Schicksal. Die minderjährigen Söhne Friedrich Wilhelm und Johann wurden entgegen seinen testamentarischen Verfügungen unter albertiner Vormundschaft gestellt. Seine Gemahlin Dorothea Susanna, geborene Pfalzgräfin bei Rhein, ließ das Rote Schloss als Witwensitz erbauen und zog sich hinter dessen Mauern zurück, verärgert über ihren frühen Witwenstatus und die kaiserliche Personalpolitik. Immerhin – sie gab Weimar mit dem Roten Schloss ein architektonisches Kleinod, das heute leider nur noch in Teilen existiert.

Zahlreiche Renaissancebauten entstanden zudem. Die Gewerke passten sich dem Repräsentationswillen der unter dem Einfluss des Hofs sozial aufstrebenden Bürger an. Die Einwoh-

Der erste Stadtplan aus dem Jahre 1569, vom Schulrektor Johannes Wolf vermessenen und vom Cranach-Schüler Veit Thiem gezeichnet, wurde 1570 als Holzschnitt gedruckt.

nerzahl stieg bis zum Ende des 16. Jahrhunderts auf etwa 3500. Weimar gewann durch Steuereinnahmen aus prosperierenden Handwerksunternehmen sowie durch Grundstückskäufe einen bescheidenen Wohlstand. Man konnte an die Landesherrschaft sogar Kredite ausreichen.

Die Gebäude des Stadt- und des Rathauses auf dem gepflasterten Markt, der erneuerte Neptunbrunnen und stattliche Bürgerhäuser in den umliegenden Straßen korrespondierten mit einem vom Rat organisierten, geordneten Handel zur Versorgung der Bevölkerung mit Waren und Naturprodukten aus dem Umland.

Ein besonderes Schmuckstück für den Marktplatz ist das Cranach-Haus. Eigentlich errichtete Gromann 1547/49 hier zwei Patrizierhäuser. Eines lehnte sich direkt an das Stadthaus an. Es gehörte dem Kanzler Christian Brück, dem Schwiegersohn Lucas Cranachs. Letzterer, der Johann Friedrich den Großmütigen in die kaiserliche Gefangenschaft begleitet hatte, erlebte in dem Haus die letzten beiden Jahre seines irdischen Daseins, ehe er 1553 starb. Das war den Weimarern Grund genug, dem ganzen Gebäudekomplex seinen Namen zu geben.

Die Reformation und Weimar sind ohne die Kunst Cranachs undenkbar. Er wurde auf dem Jakobsfriedhof bestattet und in der Stadtkirche ist eine Steinplatte in die Südwand des Chores eingefügt. Das Wohnhaus – wie auch das Nebenhaus – erlebte viele Umbauten und Besitzer. Die zusammenhängende Fassade der beiden Gebäude mit ihren reich verzierten, farbig gefassten Bögen und Säulen ist eine der schönsten Hausansichten in Weimar geblieben.

Ob Cranach-Haus, Hofapotheke, die Gasthöfe »Der schwarze Bär« und »Elefant«, der Töpfermarkt oder auch das Deutschritterhaus – viele Gebäude, Plätze oder Straßen sprechen für das Antlitz einer tendenziell städtischen Residenz, erfüllt vom Leben ihrer verantwortungsbewussten Bürger: Der Rektor der Stadtschule Johannes Wolf reformierte die Schulbildung im humanistischen Sinne. Die Stadtkirche St. Peter und Paul erhielt einen Glanzpunkt: das Triptychon von der Erlö-

Fassade des Cranach-Hauses am Markt.

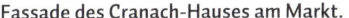

sung des Menschengeschlechts, das Cranach d. Ä. begonnen hat und das von der Werkstatt seines Sohnes Lucas bis 1555 vollendet worden ist.

Der Ausbau strahlte auf die ganze Stadt aus. 1520 entstand das Kirms-Krackow-Haus. Durch die Verlegung des städtischen Friedhofs an die Jakobskirche erfuhr die ärmliche Jakobsvorstadt eine kommunale Aufwertung. Gleichzeitig musste der Rat größte Mühe aufwenden, Ordnung, Sicherheit und ein Mindestmaß an Hygiene aufrechtzuerhalten. Im 16. Jahrhundert raffte die Pest hunderte Menschen dahin. Der Rat verbot, das Vieh frei in der Stadt umherlaufen zu lassen. Wer sein Haus mit Ziegeln statt mit Holz oder Stroh deckte, bekam einen finanzi-

Altar in der Herderkirche mit dem Portrait Luthers, geschaffen von Lucas Cranach d. J. (1552–1555).

ellen Zuschuss. Verbesserter Brandschutz war eine existenzielle Frage für die ganze Stadt.

Die Handwerkerleistungen für den Hof und die Einwohner sowie die Einnahmen aus dem Waidanbau und der Verarbeitung des blauen Farbstoffs sicherten der Stadt stabilere Strukturen. Über Zünfte und Innungen vollzog sich eine soziale Differenzierung, die das Wohlgefallen des Landesherrn fand und den Abschied vom Mittelalter forcierte.

Kulturstadt im Geburtsstadium: Die Gründung der »Fruchtbringenden Gesellschaft«

Am Beginn des 17. Jahrhunderts gab es Persönlichkeiten, die den Menschen Halt und Hoffnung gaben. Dazu gehörte die Gemahlin des Herzogs Johann III. von Sachsen-Weimar, Sophie Dorothea Maria von Anhalt. Sie holte bedeutende Gelehrte nach Weimar. 1608 kam der Historiker Friedrich Hortleder, 1612/13 – im Jahr der großen Hochwasserkatastrophe, der Thüringer Sintflut, die in der Stadt so großen Schaden anrichtete – Wolfgang Ratke. Der Pädagoge, Grammatiker und Sprachgelehrte, der sich gegen alle Widerstände behauptete, schuf in Weimar und danach in Köthen dank herzoglicher Hilfe Grundlagen für eine moderne deutsche Pädagogik, Schulbildung und Sprachbeherrschung.

Die Trauerfeier für die im Ilmtal bei einem Ritt tödlich verunglückte Sophie Dorothea Maria wurde im August 1617 zur Gründung der »Fruchtbringenden Gesellschaft« genutzt. Diese Vereinigung, die bis 1680 existierte und in Weimar und Köthen ihren Sitz hatte, war mit ihren 890 vornehmlich adeligen Mitgliedern die größte deutsche Sprachakademie. Doch dem kulturellen Höhepunkt folgte sehr schnell ein neues Unglück: 1618 brannte der Hornstein erneut in großen Teilen nieder.

Mit Hilfe des italienischen Baumeisters Giovanni Bonalino sollte eine moderne Vierflügelanlage nach dem Vorbild italienischer Barockschlösser entstehen. Der Neubau stagnierte indessen bald: Weimar wurde während des Dreißigjährigen Kriegs auf seinem Territorium nicht direkt in militärische Handlungen

Weimar um 1600 mit Blick auf das » Grüne Schloss« Herzog Johann Wilhelms. Kupferstich von Matthäus Merian, um 1600.

einbezogen, teilte aber die allgemeine Not. Außerdem nahmen Mitglieder der herzoglichen Familie aktiv am Kriegsgeschehen teil. Herzog Bernhard stieg zu einem der bekanntesten Heerführer des Krieges auf. Seine Rolle in all den verworrenen Feldzügen findet bis in die Gegenwart Beachtung. Sogar Goethe konnte sich nur mit Mühe der ihm vom Herzog auferlegten Pflicht einer Biografie über Bernhard entziehen.

Trotz des Krieges spielte Weimars Herzog Wilhelm IV. eine ebenso führende wie verdienstvolle Rolle in der »Fruchtbringenden Gesellschaft«. Er bemühte sich, die Existenz seines Landes zu sichern und gab Anregungen, damit die seit der Reformation erreichten kulturellen Fortschritte nicht untergingen.

Am 28. Mai 1658 wurde endlich die neu erbaute Schlosskirche eingeweiht. Der Weimarer Baumeister Johann Moritz Richter hatte es tatsächlich geschafft, den Hornstein über die Kriegsjahre hinweg zur modernen Wilhelmsburg auszubauen. Herzog Wilhelms Interesse für mathematische und mechanische Wissenschaften spiegelte sich in der kunstvollen Wendeltreppe, dem Observatorium oder auch in der Orgel der Schlosskirche, auf der er selber spielen lernte, wider. Der Komponist Heinrich Schütz besuchte Weimar und Wilhelm unterhielt zeitweilig eine Hofkapelle. Der Herzog zog Mathematiker, Architekten und Maler an den Hof und wurde von den Bürgern ob seiner Mildtätigkeit geschätzt. Für ihn bedeutete die Wahl zum Oberhaupt der »Fruchtbringenden Gesellschaft« im Jahre 1651 die Krönung seines Lebenswerks. Als seine Mutter 1617 starb, waren ihre letzten Worte: »Wilhelm wird's wohl machen.« Der Sohn erfüllte diese Hoffnung, und Weimar besitzt seither ein geflügeltes Wort – das nicht aus Goethes Mund gekommen ist! Es war auch als Dank an Wilhelm IV. zu verstehen, dass Weimar nach Beendigung des Dreißigjährigen Krieges ein »Allgemeines Friedens- und Dankfest« feierte.

Weimars Einwohner erfreuten sich auch daran, dass vor dem Ostportal des Schlosses die steinerne Sternbrücke über die Ilm geschlagen worden war. Sie führte direkt zum Wegesystem des Sterngartens, in dem Alleen, Kanäle, Brücken, ein Reit- und ein Ballhaus errichtet wurden. Im damaligen Weimar stattete man neben dem Sterngarten auch den Welschen Garten

DIE WILHELMSBURG

Ab 1626 regierte Herzog Wilhelm IV. von Sachsen-Weimar. 25 Jahre nach Herrschaftsantritt beauftragte er den thüringischen Baumeister Johann Moritz Richter d. Ä., die Ruine des Hornsteins nach französischem Vorbild zu einer offenen dreiflügeligen Schlossanlage auszubauen, die sich nach einem Park hin öffnete. Der Park sollte ebenfalls italienischen und französischen Vorbildern folgen. Der Ausbau stockte jedoch, weil das Geld ausging. Wilhelm IV. starb 1662, woraufhin der Bau ganz eingestellt wurde. Dennoch: Zur Ehre des Bauherrn nannte man den Hornstein nun stolz »Wilhelmsburg«.

66 Jahre nach Wilhelms Tod erhielt der mittelalterliche Rundturm der Wilhelmsburg einen barocken Aufsatz nach einem Entwurf von Gottfried Heinrich Krohne, dem damaligen Hofbaumeister der Herzöge von Sachsen-Weimar. Der Turm ist bis heute eines der Wahrzeichen der Stadt.

mit allen Attributen eines streng geordneten Barockgartens aus. Als besondere Attraktion wurde 1650 nach dem Entwurf Johann Moritz Richters ein hölzerner Aussichtsturm mit zwei gegenläufig spiralförmigen Aufgängen, die »Schnecke«, errichtet.

Der berühmte Merian konnte 1650 in der »Topographie des Oberen Sachsen, Thüringens, Meißens und der Lausitz« durchaus berechtigt ein Loblied auf die Stadt singen: »*Der Ort lieget am Flusse Ilma oder Ilm, es lauft noch ein anderes Wässerlein durch die Stadt. Der Boden herum ist luftig und fruchtbar, die Luft ist gesund und die Stadt zierlich und wohl erbauet. Hat schöne Kirchen, wohlbestellte Spitäler und andere für notleidende Personen wohlversehene Häuser. Und ist das Lager gar bequem und fast von gleicher Weite von Erfurt und Jena. In der Haupt-Pfarr-Kirche zu St. Peter und Paul sind die fürstlichen Begräbnisse zu sehen. Das Schloß allhier ist von Quaderstücken prächtig erbauet und mit sehr schönen Gärten und anderen Sachen und Gebäuden gezieret.*«

Dabei hat Merian noch nicht einmal die in Teilen neu gestaltete Schlossanlage mit den Gärten an der Ilm erwähnt, deren Bauten auf sinnfällige Weise mit der Tätigkeit der »Fruchtbringenden Gesellschaft« korrespondierten und deren Anliegen Weimars herzoglicher Bibliothekar und Dichter Georg Neumark in die Worte kleidete: »*Der Name Fruchtbringend / darum / damit ein jeder / so sich hinein begiebet / oder zu begeben gewillet / anders nichts / als was fruchtmeßig / zu Früchten / Bäumen / Blumen / Kräutern oder dergleichen gehörig / aus der Erden wächset / und davon entstehet / ihme erwehlen / und darneben überall Frucht zuschaffen äußerst beflissen seyn solle (...). Ob nun wol dieser Wunderbaum viel und mancherley Nutzen hat; so bringet doch unsere teutsche Sprache nicht weniger übertrefliche Früchte. Dann zu geschweigen / daß die Rede ein Band ist menschlicher Gesellschaft / durch welche wir von den Thieren abgesondert / uns vernünftig erweisen: so ist doch unsere Sprache vor allem andern Kraft- und saftrein / Sinn- und Wortreich / Geist- und Lehrreich.*«

Neumark kam 1651 nach Weimar. Während die »Fruchtbringende Gesellschaft« ihren Sitz in der Stadt hatte, fungierte er als »Erzschreinhalter«, als Sekretär. Man darf mit Fug und Recht sagen, dass Wilhelm IV., die »Gesellschaft« und Neumark nach dem Wirken Luthers einen zweiten Höhepunkt in der Geschichte des kulturellen Weimars repräsentierten.

Wilhelms Söhne teilten wieder einmal den Besitz und spalteten Eisenach und Jena von Weimar ab. Herzog Johann Ernst verurteilte seine Weimarer Residenz regelrecht zur Stagnation. Die »Fruchtbringende Gesellschaft« wechselte nach Halle an der Saale. Baumeister Richter ging nach Weißenfels, der Schlossbau ruhte und sogar die Schlosskapelle wurde stillgelegt. Dem Volk aber verbot der Herzog die einfachsten Vergnügungen, wie z. B. das Ostersingen.

Musikalischer Glanzpunkt für einen künftigen Musenhof: Johann Sebastian Bach

Der Wilhelm IV. nachfolgende Mit-Regent Wilhelm Ernst ist durch seinen Konflikt mit dem ersten bedeutenden Musiker, der in Weimar wirkte, in die Geschichte eingegangen. Diese Bewertung ist jedoch nicht gerecht, denn Johann Sebastian Bach verbrachte ein knappes Jahrzehnt in Weimar, und die beiden Herzöge Johann Ernst und Wilhelm Ernst haben trotz aller kritischen Einwände viel für die Kultur der Stadt geleistet. Bach lebte von 1708 bis 1717 in Weimar. Diese Sternstunde in der Geschichte der verträumten Residenz endete leider mit einem Eklat: »... *den 6. Nov. (1717) ist der bisherige Concert-Meister und Hof-Organist Bach wegen seiner Halsstarrigen Bezeugung und zu erzwingenden Dimission auf der Land Richter-Stube arretieret und entlich den 2. Dezember darauf mit angezeigter Ungnade ihm die Dimission durch den Hofsekretär angedeutet und zugleich des arrests befreiet worden.*«

Bachs in Weimar geschaffene Musik atmet den Geist eines freimütigen und ungebundenen Experiments. Die hochbegabten und später nicht minder berühmten Söhne, Wilhelm Friedemann und Carl Philipp Emanuel, werden ihm nebst vier weiteren Kindern in Weimar geboren. Mit der gleichen Glut und seinem ungestümen Temperament, mit dem Bach die Söhne auf die Musik einschwor, sie von Kindheit an teilhaben ließ an den großen Kantaten, Orgelwerken oder Cembalokompositionen, stürmte der junge Hoforganist, Kammermusicus und Concertmeister durch das Ilmtal.

Johann Sebastian Bach mit seiner Familie beim fröhlichen Morgengebet. – Romantisierendes Gemälde von Toby Edward Rosenthal, 1870.

Wilhelm Ernst war kein Kunstbanause, doch seine Frömmigkeit war streng lutherisch. Die Soldaten seines Hofs mussten die Inhalte der Sonntagspredigten besser beherrschen als das Exerzierreglement und obendrein um acht Uhr abends in ihren Betten liegen. Das Genie Bach hingegen kannte keine strengen religiösen Fesseln, und leider kannte Weimar keine selbstbewusste soziale Schicht von Kaufleuten oder Unternehmern, die neben dem Hof zu Trägern einer gefestigten Kulturtradition werden konnte. So blieb dem zur Unterordnung unter den Fürsten verpflichtete Hoforganist im Jahre 1717 nur der emotionale Protest des begnadeten Künstlers. Die Chance erblickte er in dem mit Weimar verwandtschaftlich verbundenen und als kunstsinnig bekannten Fürstenhof in Anhalt-Köthen. Er setzte auf Renitenz, um seinen Abschied zu erzwingen. Der Herzog ließ Bach ziehen, nachdem er ihn quasi mit dem Arrest abgemahnt hatte.

Der Herzog hat für den Ausbau der Schlösser in Ettersburg und Kromsdorf gesorgt. Wenn die Weimarer Anna Amalia Bibliothek zum Weltkulturerbe zählt, darf auch ihr Gründer Wilhelm Ernst nicht vergessen werden. Doch mit dem Verständnis für Bach haperte es offenbar ein wenig, obwohl der Herzog große Zuneigung zur Kirchenmusik besaß. In die Annalen des Hauses Sachsen-Weimar durfte Wilhelm Ernst mit goldenen Lettern eintragen, dass Weimar unter seiner Herrschaft eine Hochburg der deutschen Musikkultur wurde und einen musikalischen Glanz verbreitete, der erst im 19. Jahrhundert seine Fortsetzung fand – mit einer Bach-Renaissance.

Wilhelm Ernst hielt Ordnung in dem kleinen Reich, im Gegensatz zu seinem Nachfolger Ernst August I., dessen Prunksucht und Willkür das Land in den Ruin trieb. Dennoch gebührt auch ihm anerkennende Aufmerksamkeit: Er führte die Primogenitur ein. Seit 1741 spricht man vom Herzogtum Sachsen-Weimar-Eisenach, das fürderhin durch keine der in der Vergangenheit so schädlichen Erbteilungen mehr dezimiert wurde.

Dem Geltungsbedürfnis Ernst Augusts verdanken Weimar und Thüringen auch die Schlossanlage Belvedere, erbaut durch Gottfried Heinrich Krohne, und das kleine Rokokoschloss in Dornburg, malerisch hoch über der Saale gelegen. Der Herzog hinterließ in seinem Sohn Ernst August Constantin zudem einen Erben, mit dem in Weimar eine neue Zeitrechnung eingeläutet werden sollte.

So schwierig die politischen, finanziellen und dynastischen Bedingungen in der ersten Hälfte des 18. Jahrhunderts waren, gerade in dieser Zeit entstanden Baudenkmäler, die das architektonische Gesicht der Stadt bis in die Gegenwart mitprägen. Dazu gehörte das »Gelbe Schloss« an der Ecke Kollegiengasse/Grüner Markt. Der Schlossturm erhielt einen achteckigen Aufsatz mit einer barocken Haube und einer Laterne. Das Reithaus entstand am Ilmpark, das Jagdschloss Ettersburg wurde mehrfach erweitert. Auch das Gymnasium neben der Stadtkirche entstand zu dieser Zeit. 1709 errichtete der Baumeister Mützel für den herzoglichen Kammerkommissar und Strumpffabrikanten Georg Caspar Helmershausen jenes Haus, in dem Goethe ein Jahrhundert später der Stadt zum Weltruhm verhelfen sollte – am heutigen Frauenplan. Das Jakobsviertel wurde durch den Neubau der Jakobskirche aufgewertet. Das Kirms-Krackow-Haus erhielt seine endgültige Gestalt. Auch das »Haus zur Palme« entstand.

Schlossbau und Stadtentwicklung bedingten einander. Immerhin: Strumpfmanufakturen gab es, Theatergruppen, auch den Zwiebelmarkt. Aber zugewanderte Hugenotten mit modernen technischen Kenntnissen zogen lieber wieder ab, selbst gegen den Willen des Herrschers, der Schritt für Schritt das städtische Leben in allen Bereichen reglementierte: Sogar das Tabakkauen wurde auf den Gassen untersagt! Von weinseligen Festen ganz zu schweigen. Nur die Armbrustschützen begehrten auf, als der Fürst ihnen das Biertrinken verbieten wollte. Doch gemach: Ernst August legte Wert auf Symbole seiner souveränen Würde, obgleich es ihm schwerfiel, anfallende Rechnungen zu begleichen. 1732 stiftete er den hauseigenen »Falkenorden«, der sich dem Motto *Vigilando ascendimus* (Wachsam steigen wir empor) verpflichtet fühlte. Der Bau der »Falkenburg« auf dem Wege zum Belvedere schloss sich an. Auch die volkstümliche Variante zum Orden folgte: 1733 wurde das Vogelschießen als nachhaltiges Symbol allgemeiner Weimarer Kulturtradition vom Herzog persönlich ins Leben gerufen.

Ernst August war ein widersprüchlicher Mann, barock in allen Lebensäußerungen, eine personifizierte Anekdote. Er hinterließ 1748 ein ruiniertes Land mit prächtigen Bauten in Weimar, die ihn unsterblich machten, und einen 1737 geborenen, aber kränkelnden Erbprinzen.

Anna Amalia: Startschuss für den Musenhof

Ernst August Constantin war noch viel zu jung, um die Herrschaft zu übernehmen. Er wurde unter die Vormundschaft der Herzöge von Sachsen-Gotha und Sachsen-Coburg-Saalfeld gestellt. Am Gothaer Hof wuchs er in einer kultivierten und gebildeten Umgebung auf und bekam eine sehr ordentliche Erziehung, namentlich durch den Grafen Heinrich von Bünau. 1756 übernahm er die Regentschaft über Weimar.

Seine schwache Konstitution ließ eine baldige Eheschließung angeraten erscheinen. Die Wahl fiel auf die 16-jährige Anna Amalia von Braunschweig-Wolfenbüttel, Nichte des preußischen Königs. Noch im selben Jahr wurde geheiratet.

Sie war eine wohlerzogene, gebildete und kulturvolle junge Dame, der die Eingewöhnung in dem ärmlichen Weimar nicht leicht fiel. Aber die etwa 6000 Einwohner bereiteten dem jungen Paar einen glänzenden Empfang. Braunschweig war vermögend – und vielleicht fiel für Weimar etwas von dem Reichtum ab!

Der Beginn verlief vielversprechend: Die überflüssige Falkenburg wurde wieder abgerissen. Graf Bünau steuerte einen strengen Sparkurs, ließ aber ein Hoftheater und eine Hofkapelle zu. Mit dem Musiker Johann Bach knüpfte der Herzog an die Traditionen Johann Sebastian Bachs an. Trotz der Belastungen durch den Siebenjährigen Krieg (1756–63) betrieb Bünau die Sanierung der Stadt. Die mittelalterlichen Befestigungen, wie z.B. das Frauentor, ließ er schleifen. Man legte die Esplanade als Flaniermeile an und Schloss Belvedere verband man durch eine solide Straße mit der Residenz.

Welch ein Glück, dass 1757 der gesunde und kräftige Erbprinz Carl August geboren wurde – welch ein Unglück, dass der junge Herzog 1758 – Anna Amalia war wieder schwanger – starb. Die Witwe führte mit Hilfe ihres Vaters einen beharrlichen Kampf, ehe sie 1759 nach dem Entscheid des Kaisers, der ihr die Souveränität lange verweigerte, die Regierungsgeschäfte und die Erziehung ihrer beiden Söhne in eigene Hände nehmen durfte. In Ihren Erinnerungen »Meine Gedanken« klagte sie: »*Ich wurde zum zweitenmal Mutter, wurde Wittib [Witwe], Obervormündin [über den Erbprinzen] und Regentin! Die schnellen Veränderungen, welche Schlag auf Schlag kamen, machten einen solchen Tumult in meiner Seele, daß ich nicht zu mir selber kommen konnte. Ein Zusammenfluß von Ideen, von Gefühl, die alle unentwickelt waren! Kein Freund, vor dem ich mich aufschließen konnte! Ich fühlte meine Untüchtigkeit, und dennoch mußte ich alles in mir selber finden.*«

Man mag über Anna Amalias konkreten Anteil an der Regierungspolitik bis 1775 streiten, ob ihre Geheimen Räte oder sie selbst diese und jene Entscheidung in der Verwaltung, bei den Finanzen oder in der Stadtentwicklung getroffen haben. Objektiv betrachtet kam trotz der Kriegsnöte mehr Ordnung in die Finanzen des Hofes und der Stadt. Ihre Geheimen Räte Poppo von Greiner und Jakob Friedrich von Fritsch leisteten eine solide Arbeit, den Hof mit dem Stadtkern und den Vorstädten zu einer geschlossenen Residenz zu verschmelzen. Sie ließen die restlichen mittelalterlichen Befestigungsanlagen schleifen. Anna Amalia störte sich nicht daran, dass die Esplanade als Boulevard der Reichen und Schönen vom Volk mit neugierigem Argwohn betrachtet wurde. Die Bürger wollten dort auch flanieren! Als die Regentin verbot, die Nachtgeschirre auf die neu gepflasterten Straßen zu entleeren, reagierten die Stadtbewohner lange Zeit mit Ignoranz.

Die Umwandlung des »Grünen Schlosses« in die Herzogliche Bibliothek stieß dagegen in der Stadt auf Wohlwollen, denn man folgte der Herrschaft und baute selbst, sofern die Mittel vorhanden waren. In der Scherfgasse ließ der Haus- und Reisemarschall Johann Christian Wilhelm von Schardt für festliche Anlässe den legendären Gartenpavillon errichten, in dem Goethe Jahre später zum ersten Mal Charlotte von Stein begegnet sein soll. Deren Haus an der Ackerwand wurde um 1770 von Anton Georg Hauptmann erbaut. Dieser, ein mit allen Wassern gewaschener und etwas windiger Geschäftsmann, hat Weimar etwa 20 bemerkenswerte Bauten hinterlassen, zu deren bedeutendsten das Redoutenhaus auf der Esplanade und das Fürstenhaus gehören, aber auch das Haus in der Windischenstraße, das die Familie des zum »Hofjuden« erhobenen Jacob Elkan bewohnt hat. Anna Amalia hielt ihre Hand über Elkan, weil der ihr mit seinem Geld- und Geschäftssinn nutzte. Zugleich belegt seine soziale Eingliederung, dass die Regentin, ganz aufgeklärte und souveräne Fürstin, die Stadt ihrer überkommenen kommunalen Freiheiten beraubte und das Leben der Bürger vom Morgen bis in die Nacht reglementierte. Das betraf die sozialen Dienste der öffentlichen Wohlfahrt, den Brandschutz, die medizinische Versorgung, die Stadtreinigung oder das Lohngefüge der Handwerker. Anna Amalia operierte zum Nutzen einer gesunden Stadtentwicklung und gegen den Missbrauch des Vertrauens der Bürger, aber sie handelte paternalistisch, indem sie gewachsene Rechte der fürstlichen Gnade unterordnete.

Ihre Lebensleistung wird jedoch mit dem Begriff des »Musenhofs« verbunden, obwohl dessen Inhalte und Formen eher

Herzogin Anna Amalia mit ihren beiden Söhnen Carl August und Constantin. – Ölgemälde von Anna Rosina de Gasc, 1773/74.

auf die Zeit nach ihrer Regentschaft zutreffen. Anna Amalia war keine herausragende Staatenlenkerin – sie tat ihre Pflicht. Doch sie legte den Grundstein für eine neue – für die entscheidende – Etappe in der höfischen und städtischen Kulturentwicklung. In der Erkenntnis, dass die Basis jeder aufgeklärten Kultur in einem weltoffenen Bildungssystem liegt, leitete sie mit der Berufung des Dichters Johann Carl August Musäus 1763 zum Pagenerzieher und Gymnasiallehrer eine Bildungsreform ein, die 1770 in eine neue Schulordnung mündete und obendrein die Förderung der Universität in Jena einschloss.

Im Mittelpunkt stand zunächst der Thronerbe Carl August. Anna Amalia engagierte 1762 den Rechtsgelehrten Graf Johann Eustachius von Schlitz genannt Goertz als nächsten Prinzenerzieher. Sie bereute den Entschluss bald, weil Goertz den starken Willen Carl Augusts entgegen ihren Wünschen nach Kräften förderte. Ihre Entscheidung, Goertz einen weisen Philosophen an die Seite zu stellen – den in ganz Deutschland bekannten Dichter Christoph Martin Wieland –, sollte zum Besten des Thronfolgers werden und die persönlichen Konflikte der Mutter mit dem Sohn zumindest dämpfen. Anna Amalia schätzte Wieland sehr und ließ sich das dichterische Genie auch viel kosten. Ihre Hoffnung, er würde dem aufmüpfigen Sohn höfische Fesseln anlegen, erfüllte sich jedoch nicht. Wieland verbündete sich mit Goertz. Er wollte einen musisch aufgeschlossenen Fürsten haben und war außerdem nicht gewillt, seine ganze Kraft zuungunsten der Dichtkunst in den unruhigen Carl August zu investieren. Obwohl Anna Amalia die Art und Weise nicht gefiel, schufen Wieland und Goertz entscheidende Grundlagen dafür, dass Carl August als eifriger Mäzen für Literatur und Kunst in die Geschichte eingehen konnte.

Wieland begründete den literarischen Ruhm Weimars durch seine Dichtung, seine Shakespeare-Übersetzungen und ab 1773 durch die Herausgabe der Zeitschrift »Der Teutsche Merkur«, eines der wichtigsten deutschen literarischen Organe des 18. Jahrhunderts.

Mitten hinein in die Bemühungen um Weimars geistige Zukunft brach der einschneidende Rückschlag: Am 6. Mai 1774 brannte das Schloss nieder. Wieland hat das Elend unmittelbar danach beschrieben: »*Um halb zwey stund schon der ganze Dachstuhl des Schlosses ringsherum in Flammen, und um 3 Uhr schlug es schon aus allen Kreuzstocken der herrschaftlichen Zimmer. Keine menschliche Macht hätte das Schloß gegen die fressende Wuth der Flammen retten können. Es ist beynahe ein Wunder wie noch eine so grosse Menge von allen Arten von Möbeln aus dem ganzen Schlosse gerettet worden sind. Die ganze Stadt war in größter Gefahr und erst in der Nacht um 3 Uhr konnten wir uns der Hoffnung sicher zu seyn, überlassen. Doch, ich habe weder Zeit noch Ruhe des Geistes genug um Ihnen eine Beschreibung dieses schrecklichen 6ten Mayes zu machen. Vom ganzen Schloß steht, außer den nackten steinernen Hauptmauern, nichts mehr als der Thurm und die Regierung; alles übrige ist Raub der Flammen geworden. Von den Herrschaftlichen Sachen, Kostbarkeiten, Geld, und Möbeln ist das Meiste gerettet. Aber andre Personen, sonderl[ich]. die beyden Hofdamen haben ihr Meistes verlohren; unser Graf alle seine Bücher.*«

Auch die Schlosskirche und das Theater lagen in Schutt und Asche, lediglich die Bastille hatte die Katastrophe überstanden. Es gab nur eine Hoffnung: Weimar, der Hornstein und die Wilhelmsburg hatten schon viele Katastrophen erlebt und waren immer wieder zu neuem Leben erwacht.

Alle Erwartungen lasteten auf Carl August, dem Anna Amalia im September 1775 die Herrschaft übergab. Der Schlossbrand war ein so gravierendes Ereignis für die ganze Residenzstadt, dass sich der junge Herzog daran messen lassen musste, wie er diese Krise bewältigte. Die Schwere der Aufgabe ist erkennbar, wenn man bedenkt, dass der Wiederaufbau des Schlosses drei Jahrzehnte in Anspruch nahm. In derselben Zeit stieg Weimar zu einem Zentrum der deutschen nationalen Literatur und Kultur auf. Es waren die herzogliche Familie, die unvergleichlichen Dichter und Künstler und die Bürger der Stadt, die dieses Werk vollbrachten.

Geburt eines Mythos – klassisches Symbol der deutschen Kulturnation

O Weimar! dir fiel ein besonder Los:
Wie Bethlehem in Juda, klein und groß!
Bald wegen Geist und Witz beruft dich weit
Europens Mund, bald wegen Albernheit.
Der stille Weise schaut und sieht geschwind,
Wie zwei Extreme nah verschwistert sind.
Eröffne du, die du besondre Lust
Am Guten hast, der Rührung deine Brust!
JOHANN WOLFGANG VON GOETHE

Die Stadt horcht auf: Der Dichter des »Werther« kommt!

Anna Amalia richtete das Wittumspalais unter Einbeziehung der ganzen Hofgesellschaft zum feierfreudigen Musenhof her. Der Leipziger Maler Adam Oeser sorgte für schicke Möbel, Tapeten und Wandmalereien. Carl August belegte derweil in Sichtweite der Schlossruine das gerade neu erbaute Landschaftshaus der Stände als seinen Herrschaftssitz.

Anna Amalias Interesse für Theater, Musik und Literatur suchte nach neuen Ausdrucksformen, zumal Weimar durch den Zuzug bedeutender Dichter und Gelehrter bislang nur selten gekannte Möglichkeiten künstlerischer und geistiger Wirkung erlangte. Statt der Aufführungen professioneller wandernder Theatergruppen dominierte das Liebhabertheater: in städtischen Gebäuden, Privatwohnungen, in der Ettersburg oder in Tiefurt. Bei Freiluftveranstaltungen vereinten sich die Mitglieder der herzoglichen Familie, Höflinge, Dichter, Künstler und Bürger und machten aus der Not eine Tugend. Das Liebhabertheater wurde zu einem Kennzeichen des Weimarer Musenhofs, bereichert durch musisch-literarische Salons, unter denen die Montagsgesellschaft Anna Amalias im

Wittumspalais einen führenden Platz einnahm. Hier lasen und diskutierten die großen Geister Weimars – angeregt durch erlesene Speisen und Getränke, gestiftet aus dem Fonds der Gastgeberin.

Im Winter das Wittumspalais, im Sommer, seit 1781, das kleine Schlösschen und der von Anna Amalia nach Anregungen aus der Wörlitzer Gartenlandschaft gestaltete englische Landschaftspark in Tiefurt vor den Toren Weimars – das waren die markantesten Orte, in denen die Herzoginmutter ihre Vorstellungen vom Musenhof arrangierte, repräsentierte und auslebte. Goethe würdigte sie nach ihrem Ableben im Jahre 1807: »*Ihre Regentschaft brachte dem Lande mannichfaltiges Glück, ja das Unglück selbst gab Anlaß zu Verbesserungen. Wer dazu fähig war nahm sie an. Gerechtigkeit, Staatswirthschaft, Polizei befestigten, entwickelten, bestätigten sich. Ein ganz anderer Geist war über Hof und Staat gekommen.*«

Goethe selbst kam im November 1775 nach Weimar. Christoph Martin Wieland war bereits etabliert – Wieland, den die Genies des literarischen Sturm und Drang als Feindbild per se verteufelten. Goethe hatte 1773 mit »Götter, Helden und Wieland« seinen Spott über den feinfühligen und geistvollen Dichter ausgegossen. Wieland pries Goethes Entgleisung souverän im »Teutschen Merkur«. Er empfahl »*diese kleine Schrift ... als ein Meisterstück von Persiflage und sophistischem Witze*«. Goethe lernte seine Lektion. Zunächst empfahl er sich, nachdem er als Gast im Hause des Kammerpräsidenten von Kalb, im Deutschritterhaus, Quartier genommen hatte, als Bürgerschreck, gemeinsam mit dem jungen Herzog: Eines Tages kehrten sie in der Walkmühle an der Straße zum Dorf Taubach ein. Sie baten die Hausherrin Frau Vent, die gerade Butter machte, um ein Glas Milch. Sie wollte die Milch holen, bat die Herren aber, die Buttermasse weiter zu stampfen. Carl August ging ans Werk. Eine Katze schaute neugierig zu. Goethe packte das arme Tier und steckte es in das Butterfass. Hastig stürzten sie die Milch hinunter, bezahlten und verschwanden schleunigst wie ertappte Diebe. Offensichtlich war ihnen die Sache dann doch peinlich. Zwei Wochen später gingen sie wieder zur Walkmühle und beichteten ihren tierquälerischen Mutwillen. Frau Vent aber lächelte: Kein Problem, der alte Kater Peter hatte die Räude und stand ohnehin kurz vor seinem Ende! Aber die verdorbene Butter wollten die Herren dann doch ersetzen. Jetzt grinste Frau Vent. Die Butter hatte sie nach Weimar an die Hofküche geliefert: »*Die sind nicht so wählerisch, die fressen alles.*«

Anna Amalia hielt Goethe dennoch für klug genug, ihren Sohn auf den Pfad herrschaftlicher Tugenden zu führen. Sie irrte sich natürlich nicht und fand die Unterstützung Wielands. Auch dass mit Goethe dessen »Uniform« aus dem »Werther« – Hose und Weste in Gelb, braune Stulpenstiefel, dazu einen dunkelblauen Frack mit Messingknöpfen und einen runden Filzhut auf dem ungepuderten Haar – unter den Weimarer Dandys Einzug hielt, quittierte der weise Wieland mit mildem Lächeln.

Goethe im Staatsdienst: Mehr Minister als Dichter!

Die wilde »Geniezeit« erschreckte die Weimarer Bürger nur wenige Monate. Ab Juni 1776 übertrug der Herzog dem Dichter ein Staatsamt nach dem anderen. Bis zum Jahre 1786 lud Goethe ein Übermaß an Regierungs- und Verwaltungsarbeit auf sich. Der Herzog blieb stets sein Freund und Mäzen, allerdings mit der gebotenen Distanz, die der ewige Widerspruch zwischen Geist und Macht in sich einschließt.

Goethe war gut beraten, respektvoll mit erfahrenen Politikern und Staatsbeamten wie den Geheimen Räten Christian Friedrich Schnauß, Johann Christoph Schmidt, Carl und Franz Kirms, Christian Gottlob von Voigt, Jakob Friedrich von Fritsch oder Friedrich von Müller zusammenzuarbeiten. Das war allerdings nicht allein eine Frage des guten Willens. Seit 1764 existierte in Weimar die Freimaurerloge »Anna Amalia zu den drei Rosen«, der die führenden Staatsdiener angehörten – Goethe wurde 1780 aufgenommen.

Die wechselvolle Geschichte der Weimarer Loge bezog in den nachfolgenden Jahrzehnten auch Friedrich Justin Bertuch ein. Für die Entwicklung der Stadt besaß dieser Schriftsteller, Übersetzer, Verleger, Industrielle und Sozialarbeiter eine herausragende Bedeutung. Die wirtschaftliche und soziale Kraft

LOBLIED GOETHES AUF CARL AUGUST
Klein ist unter den Fürsten Germaniens freilich der meine;
Kurz und schmal ist sein Land, mäßig nur, was er vermag.
Aber so wende nach innen, so wende nach außen die Kräfte
Jeder; da wär's ein Fest, Deutscher mit Deutschen zu sein.
Doch was priesest du ihn, den Taten und Werke verkünden?
Und bestochen erschien' deine Verehrung vielleicht;
Denn mir hat er gegeben, was Große selten gewähren,
Neigung, Muße, Vertraun, Felder und Garten und Haus.
Niemand brauchť ich zu danken als Ihm und manches bedurfť ich,
Der ich mich auf den Erwerb schlecht, als ein Dichter, verstand.
Hat mich Europa gelobt, was hat mir Europa gegeben?
Nichts! Ich habe, wie schwer! Meine Gedichte bezahlt.
Deutschland ahmte mich nach, und Frankreich mochte mich lesen;
England! Freundlich empfingst du den zerrütteten Gast.
Doch was fördert es mich, dass auch sogar der Chinese
Malet mit ängstlicher Hand Werthern und Lotten auf Glas?
Niemals frug ein Kaiser nach mir, es hat sich kein König
Um mich bekümmert, und Er war mir August und Mäzen.
(Goethes Huldigung an den Herzog Carl August von Sachsen-Weimar-Eisenach, 1788)

Bertuchs, besonders dokumentiert durch das von ihm 1791 gegründete und geleitete »Landes-Industrie-Comptoir«, kann gar nicht überschätzt werden – blieb jedoch ein Einzelbeispiel ohne unmittelbare Folgen für die Wirtschaftskraft der Stadt, obwohl das ganze Land von der Produktpalette Bertuchs – von der Kunstblume bis zu Büchern und Zeitschriften – profitierte. Weder die Parklandschaft noch breitgefächerte soziale Einrichtungen waren ohne sein Wirken denkbar. Er sah den Sinn seiner Gründung so: »*Ich verstehe unter Landes-Industrie-Institut eine gemeinnützige öffentliche oder private Anstalt, die sichs zum einzigen Zwecke macht, teils die Natur-Reichtümer ihrer Provinz aufzusuchen und ihre Kultur zu befördern, teils den Kunstfleiß ihrer Einwohner zu beleben, zu leiten und zu vervollkommnen. Am besten und für das Land am wohltätigsten werden alle dergleichen Unternehmungen durch kaufmännische Societäten oder sogenannte Aktien-Gesellschaften oder, wenn ihr Objekt nicht so groß ist, bloß durch einen tätigen und geschickten Privat-Mann gemacht.*«

Johann Wolfgang Goethe. – Postkarte nach einem Gemälde von Georg Oswald May, 1779.

Eine auch wirtschaftlich und sozial empfehlenswerte Modellstadt durfte Bertuch mit herzoglicher Hilfe nicht entwickeln, Einzelmaßnahmen waren dennoch beachtenswert. Ein Beispiel war die ab 1781 im Roten Schloss untergebrachte und von Georg Melchior Kraus geleitete Freie Zeichenschule, die Bürgern aller Stände offenstand und deren Erzeugnisse Gewinn abwarfen. Künstler wie der Bildhauer Martin Gottlieb Klauer, der Maler und Kunsthistoriker Johann Heinrich Meyer oder die Malerin Louise Seidler prägten bis in die Mitte des 19. Jahrhunderts das künstlerische Ansehen der Zeichenschule. Deren Orientierung auf die natürliche Umwelt korrespondierte mit Bemühungen um die Gestaltung der Weimarer Garten- und Parklandschaft. Goethe bewohnte seit 1776 das Gartenhaus im Ilmpark. Mit »Agathe Tyche«, dem aus Kugel und Kubus bestehenden »Stein des Guten Glücks«, setzte er 1777 im Garten ein erstes Zeichen seiner Ansichten über die enge Gemeinschaft von Kunst und Landschaft, in der nicht der formale Nachbau antiker Tempel dominieren, sondern Liebe, Ruhe und Festigkeit zum Ausdruck kommen sollten. Den Bürgern erschien das allerdings zunächst sehr fremd.

Als sich im folgenden Jahr das Hoffräulein Christiane von Lassberg aus Liebeskummer nahe der »Naturbrücke« über die Ilm das Leben nahm, legte Goethe gemeinsam mit dem Hofgärtner Carl Heinrich Gentsch die »Felsentreppe« (Nadelöhr) an. Dieses *»seltsam Plätzgen, wo das Andenken der armen Christel verborgen liegt«*, fügte sich sinnvoll in die spätere Gestaltung des Ilmparks zu einer englischen Gartenlandschaft ein.

Dem Weimarer Lebensstil, dem Goethe in jenen Monaten im »Triumph der Empfindsamkeit« Ausdruck verliehen hatte, entsprach auch die Errichtung des »Louisenklosters« (Borkenhäuschens) im Ilmpark, in dem ab 1778 das »Louisenfest« zu Ehren der Herzogin gefeiert wurde und das Carl August danach zu einer Einsiedelei ausbauen ließ.

Der Herzog machte sich die Umgestaltung des Ilmparks in eine englische Parklandschaft zu eigen und beauftragte Bertuch mit der Ausführung. Der Park besaß für den Landesherrn eine so große Bedeutung, dass er mit dem »Dessauer Stein« eine Ehrung für den ihm durch dynastische Traditionen freundschaftlich verbundenen Fürsten Leopold III. Friedrich Franz von Anhalt-Dessau errichten ließ. Letzterer wurde unter den kleinen deutschen Fürsten sehr geschätzt und genoss durch sein ebenso aufgeklärtes wie reichspatriotisches und paternalistisches Reformwerk sowie die Wörlitzer Gartenlandschaft ein hohes Ansehen im Reich.

Ausgehend vom Park um das Schloss Belvedere wurden auch an der Ilm die Barockgärten in eine englische Parklandschaft umgestaltet und für die Untertanen geöffnet – einschließlich der seit 1794 gegrabenen unterirdischen Gänge des »Bergwerks« nahe der Belvederer Allee. Nur das ab 1792 unter Mitwirkung Goethes erbaute klassizistische »Römische Haus« behielt sich der Herzog als Refugium vor. Im Jahre 1822 verfasste Goethe das »Schema zu einem Aufsatze die Pflanzencultur im Großherzogthum Weimar darzustellen«. Darin beschrieb er sehr präzise, wie sich die Weimarer Parklandschaft, ausgehend vom Schloss Belvedere, im 18. Jahrhundert entwickelt hat.

Ein weiterer Anziehungspunkt ist im Ilmpark der »Schlangenstein« mit der Aufschrift *Genio huius loci* (Dem Geist dieses Ortes), den Martin Gottlieb Klauer 1797 schuf: die Schlange als ein Sinnbild für die heilende Kraft der Natur. Das Original wurde später am Gartenhaus Goethes aufgestellt, den eigentlichen Standort ziert eine Kopie. Doch da wohnte der 1782 geadelte Herr von Goethe längst am Frauenplan – nicht mit Charlotte von Stein, sondern mit der von der Weimarer Gesellschaft durch Klatsch und Tratsch verunglimpften Christiane Vulpius, Goethes »*dicker Hälfte*«, mit der er bis 1816 in einer harmonischen Ehe lebte, die allerdings erst 1806 formal geschlossen wurde. Das Haus am Frauenplan – Goethes endgültiges Wohnhaus nach mehreren Umzügen, erbaut zwischen 1707 und 1709 und bis 1795 nach den Plänen Goethes und Johann Heinrich Meyers modernisiert – ist wohl das weltweit bekannteste Bauwerk Weimars. Es rangiert noch vor dem Symbolbau des Theaters.

Die durch den Schlossbrand von 1774 hervorgerufene Lücke im künstlerischen Leben wurde aus der Not heraus im Liebhabertheater kompensiert. Aber bereits 1779 begann der Bauunternehmer Anton Georg Hauptmann den Bau eines Komödienhauses am Platz des heutigen Theaters gegenüber dem Wittumspalais, an dem seinerzeit so profilierte Darsteller wie die bravouröse Schauspielerin Corona Schröter wirkten.

Die Aufführungen des Liebhabertheaters blieben eine Leidenschaft, aber 1780 wurde das neue Theater als professionelle Spielstätte eröffnet – ab 1791 unter der langjährigen Intendanz Goethes, in der die großen Werke der Weimarer Klassik aufgeführt werden sollten –, deren Zuschauerraum jedoch auch als Ballsaal genutzt wurde. Die Stadtbürger lebten in diesem Umfeld nicht unzufrieden, wie ein »ehrlicher Mann« um 1800 zu berichten wusste: »*Die Weimeraner sind größtentheils betriebsam, zufrieden, und aufgeklärt, und in den übrigen Ständen herrscht ein ziemlich guter Ton, ziemliche Cultur und Gesellschaft, nur freilich ist vielen auch Plattheit, und die Unterhaltung von nichts als dem Hofe, dem Theater und dem Kartenspiele eigen. Jedoch muß man ihnen den Ruhm zugestehen, daß sie in Parallele mit den*

Einwohnern der übrigen Städte Deutschlands, gewiß unter die gebildetsten zu zählen sind. / Die Vergnügungen in Weimar sind des Sommers über der sogenannte Vauxhall, welcher darin besteht, daß sich alle Sonntage Nachmittags im Park eine grosse Menge Menschen versammlet, daß sich diese gruppiren, und während der Musik spatzieren gehen, oder sich in Lauben oder in Rondels sich niederlassen, Erfrischungen zu sich nehmen, und so auf eine angenehme Weise die Zeit dahin bringen und sich vergnügen. Diese Einrichtung hat mir sehr wohlgefallen, denn man findet da manchen guten Freund, mit dem man den Abend froh verleben kann. / Im Winter ergözt man sich in dem Theater, und zwar wird die Woche dreimal gespielt, ferner des Sonntags im Conzert am Hofe, und an den Masqueraden, welche im Comödienhause gehalten werden, und auf denen man auch recht sehr vergnügt seyn kann.«

Hoftheater, Wittumspalais, Rotes Schloss, St. Peter und Paul, Tiefurt, Belvedere oder auch das Kirms-Krackow-Haus: Alt-Weimar besitzt schöne Gebäude und Anlagen, die dem Ruf als »Klassikerstadt« nur gerecht werden, wenn ihre Bewohner die schöpferische Individualität jedes Mitwirkenden am geistigen Habitus jener Zeit akzeptieren. Weimars Bürger hatten zwar stets einen kritischen Blick auf das tagtägliche Leben der großen Geister, waren sich letztlich aber bewusst dass diese Dichter, Künstler und Gelehrten der Stadt Ansehen verschafften und aller Ehren wert waren. Man muss nur den Briefen des Dichters Jean Paul folgen, der 1798 geradezu liebevoll und doch mit einer gewissen witzigen Distanz berichtet, wie ihn seine Zimmerwirtin umsorgt: »Mein größtes Labsal außer Herder hier ist meine Hausfrau. Nie war ich so stuben-glücklich. Ich will nur etwas von unserem Verhältnis anführen: Ein an sich geräumiger Nachttopf wollte doch nicht zulangen wenn ich gerade schrieb, weil er und das Tintenfass wie natürlich in umgekehrtem Verhältnis voll und leer werden. Die Frau sah, daß ich oft die Treppe in der Kälte hinabmusste. Sie brachte mir also einen ganz neuen, bowlen-mäßigen getragen, bei dem ich acht Seiten schreiben kann. Sie sorgt für Holz, Tabarro [Mantel] (denn heut geh ich in die Redoute [zum Ball] mit einer Augen-Achte [schwarzen Spitzen-Brille] und esse abends vorher bei Herder und Wieland), für Wohlfeilheit, wäscht, wenn ich verreise, wie meine Mutter alles, sogar das Tintenfass, und ich kehre wie in eine wartende Familie zurück.«

Ein Gang durch die Stadt verrät, dass die Ehrfurcht allgegenwärtig ist, wenn sie oftmals auch erst im Laufe der folgenden Jahrzehnte praktische Gestalt angenommen hat – wie das

Weimars Residenzschloss während des Brandes vom Mai 1774. – Zeitgenössische Darstellung.

Beispiel der späteren Würdigung Johann Gottfried Herders zeigt: Der Herderbrunnen auf dem ehemaligen Töpfermarkt vor der Freitreppe des Alten Gymnasiums wurde von Coudray entworfen und 1832 aufgestellt. Vor der Stadtkirche St. Peter und Paul – heute besser als »Herderkirche« bekannt – steht das überlebensgroße von Ludwig Schaller gestaltete Denkmal, das 1850 am 106. Geburtstag des Denkers errichtet wurde. Das Herderhaus hinter der Stadtkirche zählt zu den ältesten Baudenkmälern der Stadt; es wurde um 1550 erbaut. Auch der Platz vor der Stadtkirche trägt heute den Namen ihres berühmtesten Geistlichen, dessen Grabmal in der Kirche selbst zu besichtigen ist.

Doch weder Ruhm, noch Nachruhm bewahrten selbst einen Herder vor gelegentlichen Rüpeleien der zu allen Zeiten präsenten jugendlichen Bilderstürmer. Als er einst durch das Wäldchen Webicht nach Tiefurt spazierte, sah er sich plötzlich drei jungen Burschen gegenüber. Der erste Junge grüßte spöttisch: »Guten Tag, Vater Abraham.« Der zweite setzte fort: »Guten Tag, Vater Isaak.« Und der dritte johlte: »Guten Tag, Vater Jakob.« Herder galt eigentlich als leicht erregbar. Hier hatte er sich im Zaum und entgegnete mit kühler Ironie: »Ich danke den Herren für ihren freundlichen Gruß. Aber mein Name ist weder Abraham, noch Isaak, noch Jakob, ich heiße Saul, der Sohn des Herrn Kisch. Ich habe mich heute früh aufgemacht, um die Eselinnen meines Vaters zu suchen, habe aber bis jetzt nur die Esel gefunden.« Der Ausgang des Wortwechsels ist unbekannt. Aber Blessuren hat Herder offenbar nicht davongetragen.

Goethes und Schillers Bund: Weimar gewinnt an Profil

Schiller, der 1787 nach Weimar kam, wohnte zuerst im Hotel »Erbprinz«, danach in der Frauentorstraße und später in Volkstedt, bevor er für einige Zeit nach Rudolstadt übersiedelte. Sein erster Eindruck bei dem sommerlichen Empfang in Tiefurt war bemerkenswert. Er schrieb an den Freund Gottfried Körner: »*Es wurde Tee gegeben und Kirschkuchen, der, nebenbei gesagt, vortrefflich schmeckte und keinen Stein hatte, und von allem Möglichen viel schaales Zeug geschwatzt.*«

Goethe befand sich auf seiner großen »Wiedergeburtsreise« in Italien, von der er 1788 als »Künstler« zurückkehrte. Im September 1788 trafen die beiden Dichter in Rudolstadt zum ersten Mal aufeinander. Schiller resignierte: »*Sein [Goethes] erster Anblick stimmte die hohe Meinung ziemlich tief herunter, die man mir von dieser anziehenden und schönen Figur beigebracht hatte. Er ist von mittlerer Größe, trägt sich steif und geht auch so; sein Gesicht ist verschlossen, aber sein Auge sehr ausdrucksvoll [...]. Er ist brünett und scheint mir älter auszusehen, als er meiner Berechnung nach wirklich seyn kann. [...] Im Ganzen genommen ist meine in der That große Idee von ihm nach dieser persönlichen Bekanntschaft nicht vermindert worden; aber ich zweifle, ob wir einander je sehr nahe rücken werden. Vieles, was mir jetzt noch interessant ist, was ich noch zu wünschen und zu hoffen habe, hat seine Epoche bei ihm durchlebt; er ist mir (an Jahren weniger, als an Lebenserfahrungen und Selbstentwickelung) so weit voraus, daß wir* unterwegs nie mehr zusammenkommen werden; und sein ganzes Wesen ist schon von Anfang her anders angelegt, als das meinige, seine Welt ist nicht die meinige, unsere Vorstellungsarten scheinen wesentlich verschieden.«

Goethe reagierte auch nicht gerade hingerissen. Schillers »Räuber« mochte er ohnehin nicht. Sechs Jahre vergingen, ehe die beiden Männer im Juli 1794 zueinander fanden. Schiller lud Goethe zur Mitarbeit an der geplanten Zeitschrift »Die Horen« ein. Goethe stimmte zu und im Juli 1794 kam es zu der legendären persönlichen Begegnung in Jena, die den Ausgangspunkt für das geistige Bündnis der beiden »Klassiker« bildete. Schiller notierte: »Wir hatten [...] über Kunst und Kunsttheorie ein langes und breites gesprochen und uns die Hauptideen mitgeteilt, zu denen wir auf ganz verschiedenen Wegen gekommen waren. Zwischen diesen Ideen fand sich eine unerwartete Übereinstimmung, die umso interessanter war, weil sie wirklich aus der größten Verschiedenheit der Gesichtspunkte hervorging. Ein jeder konnte dem andern etwas geben, was ihm fehlte, und dafür etwas empfangen.« Dass sich Goethe und Schiller gerade in Jena fanden, besaß auch in anderer Hinsicht einen tiefen Symbolwert. Goethes berühmte Frage »Wohin willst du dich wenden? / Nach Weimar-Jena, der großen Stadt, / Die an beiden Enden / Viel Gutes hat« war für ihn eine positive Lebenserfahrung.

Doch Weimar mit dem lieblichen Musenhof Anna Amalias, das dank Wieland, Herder und Goethe schon so viele bedeutende Geister angezogen hatte, wuchs in einem einzigen Jahrzehnt (bis zu Schillers Ableben 1805) in die Rolle eines Zentrums der deutschen Literatur. Die Stadt gewann an Attraktivität, zog Freund und Feind in ihren Bann, denn die beiden Klassiker glaubten ernsthaft, vom Olymp ihres ästhetischen Verständnisses herab mit unsterblichen Werken die deutsche Literatur zu beherrschen. Sie walzten in diesem Glauben gnadenlos jeden Poeten nieder, den sie für unbegabt und bedeutungslos hielten, weil er nicht ihren Prinzipien folgte. Das waren für sie »Pfuscher und Dilettanten«, die sie namentlich in den »Xenien« (Gastgeschenke) mit beißendem Spott überzogen. Nicht einmal vor der Autorität Wielands machten sie Halt. Doch das literarische Deutschland zahlte es den Weimarer Heroen mit gleicher Münze heim und Schillers »Horen«, von denen er sich so viel für den ästhetischen Aufbruch der deutschen Literatur versprochen

MADAME DE STAËL ÜBER WEIMAR

»Deutschland hatte hier zum ersten Male eine literarische Hauptstadt, da aber diese Hauptstadt nur ein kleines Städtchen war, so hatte sie nur durch ihre geistige Kraft Einfluss, denn die Mode, die allem Gleichförmigkeit verleiht, konnte nicht von einem so kleinen Kreise ausgehen ... Weimar war nicht eine kleine Stadt, sondern ein großes Schloß. Ein ausgewählter Kreis unterhielt sich dort mit regem Interesse über jedes neue Erzeugnis der Kunst. Frauen, liebenswürdige Schülerinnen einiger hochbegabter Männer, beschäftigten sich unablässig mit literarischen Werken, als wären es politische Ereignisse von höchster Wichtigkeit. Durch Lektüre und Studium zog man die Welt zu sich heran und entkam durch den Gedankenflug den engen Grenzen der Verhältnisse. Indem man oft gemeinschaftlich über die großen Fragen nachdachte, die das allen gemeinsame Schicksal aufwirft, vergaß man die belangloseren Einzelheiten im Leben. Dort gab es keine dieser gezierten Provinzler, die so leicht Geringschätzung für Anmut und Affektation für Eleganz halten.«
(Madame de Staël: Über Deutschland, Berlin 1989, S. 110f.)

hatte, dümpelten kraftlos dahin, bis sie ganz eingestellt werden mussten.

Es waren jene Jahre, in denen der Gymnasialdirektor, Archäologe und Journalist Carl August Böttiger das geistige und gesellige Leben Weimars kräftig auf die Schippe nahm und unter den Dichtern Deutschlands eine kräftige »ästhetische Prügelei« anhob – so der Titel eines Theaterstücks von Angelus Cerberus, hinter dem sich der in Weimar viel gespielte und übel beleumdete Dichter August von Kotzebue verbarg.

Weimars Hofgesellschaft und die Bürger erlebten in Büchern, Zeitschriften, im Hoftheater, bei Liebhaberaufführungen, in den Salons und Zirkeln, praktisch bei allen Formen des städtischen öffentlichen Lebens mit, dass ihre Stadt durch das Wirken der vier großen Dichter auserwählt worden ist, eine besondere Rolle bei der geistigen Emanzipation der deutschen Nation zu übernehmen. Die Reformation hatte dem Ort zum Status einer Residenz verholfen. Die Frühaufklärung hatte die Stadt mit der »Fruchtbringenden Gesellschaft«

gestreift. Die klassische Dichtung prägt den Ruf der Stadt auf Jahrhunderte.

Die Klassiker hatten ihrerseits das Glück, unter einem Landesvater zu leben, der ihre individuellen Empfindlichkeiten und Eigenarten soweit es ging tolerierte und die Entfaltung ihrer Kräfte erlaubte. Nachdem sich auch Schiller in Weimar auf der Esplanade angesiedelt hatte, lebten die großen Dichter quasi in Rufweite neben- und gelegentlich auch miteinander, in einer Stadt, deren Obrigkeit klug genug war, Rahmenbedingungen zu schaffen, die auch dem Genius praktische Gestalt verliehen.

Seit dem Bau der Schlossanlage von Belvedere wuchsen die Garten- und Parkanlagen im Ilmtal und bis nach Ettersburg, Tiefurt und Kromsdorf mehr und mehr zu einem Landschaftsgarten englischer Provenienz zusammen, beeinflusst durch die Lehren des Gartentheoretikers Christian Cay Lorenz Hirschfeld und Johann Joachim Winckelmanns, die eigenen Erkenntnisse aus der Antike in Italien und auch durch praktische Anschauung, die das Dessau-Wörlitzer Gartenreich vermittelte.

Das Hauptproblem blieb der Wiederaufbau des Residenzschlosses. 1789 begann die Schlossbau-Kommission mit konkreten Maßnahmen. Erhaltene Gebäudeteile sollten wohl oder übel genutzt werden. Goethe empfahl den Hamburger Baumeister Johann August Arens, den er aus Italien kannte. Arens lieferte Baupläne, die im Ostflügel des Schlosses teilweise umgesetzt wurden. Doch er wollte sich nicht vom reichen hanseatischen Hamburg trennen und verinnerlichte den Klassizismus nicht so wie in Weimar erhofft. Man trennte sich wieder. Als neuer Hoffnungsträger sprang der ebenfalls von Goethe empfohlene Nicolas Friedrich Thouret aus Stuttgart ein, der im Außen- und Innenausbau den klassizistischen Wünschen entsprach. Doch nach drei Jahren traten Spannungen auf: Thouret baute für den Geschmack Carl Augusts zu langsam und v. a. zu teuer – schön sah es ja aus, ähnlich dem viel gelobten Schloss Hohenheim in Stuttgart. 1800 verabschiedete sich Thouret gekränkt und Heinrich Gentz wurde aus preußischen Diensten gelöst, um den Schlossbau zu vollenden.

Einzug des erbherzoglichen Paars Carl Friedrich und Maria Pawlowna 1804 in Weimar. – Gemälde von Friedrich Preller d. Ä., 1849.

Viele Köpfe und Hände haben das Schloss gestaltet! Die kunsthistorische Forschung hat entsprechend bis heute alle Hände voll zu tun, um zu belegen, welches architektonische Element welchem Schöpfer zugeordnet werden darf. Bis 1803 waren die Arbeiten aber so weit vorangeschritten, dass die fürstliche Familie wieder in zwei Flügel einziehen konnte.

Der Schlossbau und die umgebenden Parkanlagen profitierten ebenso wie die ganze geistig-kulturelle Entwicklung

Weimars von der zehnjährigen Friedensperiode, die sich nach 1795 dem Sonderfrieden von Basel zwischen Preußen und Frankreich anschloss. Auch die seit 1799 vorbereitete Verheiratung des Erbprinzen Carl Friedrich mit der russischen Großfürstin Maria Pawlowna im Jahre 1804 zeitigte positive Effekte: Verschwägerung mit dem Petersburger Hof und die finanziell belebende Mitgift der Braut verhießen politische Sicherheit und das Wachsen eines bescheidenen Wohlstands für Weimar als Stadt und Herzogtum.

Das Ende der Klassik: Im Mahlstrom der Napoleonischen Kriege

Doch die Erwartungen brachen sich zunächst in dem auf Weimar zurollenden Krieg Napoleons gegen das Alte Reich. Es wirkte wie ein tragisches Symbol, dass Schiller im Mai 1805 starb und damit die eigentliche klassische Zeit Weimars endete. Preußen erklärte Napoleon 1806 den Krieg und am 14. Oktober 1806 kam es zu der Doppelschlacht bei Jena und Auerstedt. Weimar, dessen Herzog mit Preußen verbündet war, bekam die ganze Wucht der Niederlage zu spüren. Noch am 14. Oktober besetzten und plünderten französische Truppen die Stadt.

Franz David Gesky, ein Weimarer Bürger, hat die Ereignisse in seiner Chronik festgehalten: »*Früh sieben Uhr hörte man in Weimar schon den Kanonendonner. Gegen Mittag sah man gefangene Franzosen in die Stadtkirche bringen. Allein, da auch viele blessierte Preußen kamen, und die Bataille [Schlacht] immer näher kam, so war alles in Angst. Gegen fünf Uhr kam die völlige Retirade [Rückzug] von den Preußen und kurz darauf sah man auch französische Reiter. Der Kanonendonner kam der Stadt näher, so daß mehrere Kugeln in die Stadt einschlugen. Man brachte die preußischen Gefangenen in die Stadtkirche und die Blessierten in die Reitbahn. Vom Hof war niemand hier als die regierende Herzogin [Louise]. Der Erbprinz [Carl Friedrich] mit Gemahlin [Maria Pawlowna] war nach Schleswig in das Holsteinische und Prinz Bernhard ging noch früh durch Weimar mit dem Fürsten Hohenlohe. Auch die Herzogin [Anna] Amalia ging von hier fort. Gegen acht Uhr abends kam die Kavallerie, worunter der Prinz Murat und der Kaiser Napoleon waren. Nach dem*

**HERZOGIN LOUISES BEGEGNUNG MIT NAPOLEON
IM OKTOBER 1806**

»Er empfing mich sehr barsch und sagte mir sehr viel Herbheiten für mich und den Herzog. Ich antwortete ihm mit Freimut und versuchte mich so gut ich konnte herauszuwickeln. Er drohte heftig, sprach von Fehlern, die wir gegen ihn begangen hätten usw.« Drei Monate später ergänzte Louise ihre Aufzeichnungen: »Er ist ein furchtbares Wesen! Ich finde, dass er zwar Furcht einflößt, aber er hat gar nichts Achtung Einflößendes; … Als ich ihn zu sprechen verlangte, empfing er mich mit einem äußerst zornigen Gesicht und sagte: ›Was wollen Sie? Ihr habt den Krieg gewollt, nun habt Ihr ihn! Gegen meinen Willen zwingt Ihr mich, Kaiser des Abendlandes zu werden! Ich werde Euch alle unter meinen Fuß zwingen! Ich werde die Welt erobern, wenn ich nur will!‹ Der Wutausbruch gipfelte in dem Vorwurf: ›Wie konnte Ihr Mann so toll sein, mit mir Krieg zu führen?‹« Louise nahm alle Kraft zusammen und entgegnete fest: »Der Herzog, mein Gemahl, steht seit 30 Jahren in preußischen Diensten, er hat nur seine Pflicht als preußischer General getan. Wie würde Eure Majestät über einen Ihrer Verwandten gedacht haben, wenn er Sie beim Ausbruch des Krieges im Stich gelassen hätte? Würden Sie ihn nicht ehrlos genannt haben?«
(Bojanowski, Eleonore v.: Louise, Großherzogin von Sachsen-Weimar und ihre Beziehungen zu ihren Zeitgenossen, Stuttgart 1903, S. 285ff.)

kam die Infanterie und plünderte alles aus. Um neun Uhr legte sie Feuer an neben dem Fuhrmann in dem Haus, welches dem damaligen Kammerdiener Daubert gehörte. Es brannten neun Häuser ab […]. Die Plünderung dauerte bis Donnerstag, wo sie den Menschen nahmen, und wer sich widersetzte, den schwartete [schlug] man mit dem Schwert. Man rechnete die erste Nacht gegen 40.000 Soldaten [bei 6.218 Einwohnern!] welche in Weimar lagen.«

Carl August gab sein Herzogtum im ersten Chaos widerstreitender Gefühle nach der Niederlage verloren und zog sich mit den geschlagenen Preußen nach Norden zurück. Die Familie geriet in Panik: Anna Amalia irrte auf dem Weg ins heimatliche Braunschweig umher. Der Erbprinz Carl Friedrich und die so potente Hoffnungsträgerin Maria Pawlowna flohen in das Exil nach Dänemark. Nur die tapfere Herzogin Louise blieb in Weimar zurück. Sie sollte mit den Staatsbeamten retten, was vielleicht noch zu retten war.

Tatsächlich erreichte Louise das Ende der Plünderungen und eine Chance, das Herzogtum zu erhalten: Ihr Mann sollte sich dem Kaiser unverzüglich unterwerfen. Carl August schien zunächst bei der Truppe unerreichbar. Aber Weimars Bürger versammelten sich schon einmal im Schlosshof und riefen in einer Mischung aus Verzweiflung und neuer Hoffnung: »Vivat, es lebe Napoleon!« Weniger begeistert reagierte Weimar, als bekannt wurde, dass Goethe seine Christiane Vulpius, mit der er seit 1789 zusammenlebte, aus Dankbarkeit für ihren liebevollen Einsatz zur Rettung vor marodierenden französischen Soldaten am 19. Oktober offiziell heiratete. Als suchte man einen Blitzableiter für die eigene Ratlosigkeit, wurde der Casus zum Skandal stilisiert, der über Deutschland waberte. Selbst in der »Stuttgarter Allgemeinen Zeitung« schrieb ein anonymer Korrespondent: »*Goethe ließ sich unter dem Kanonendonner der Schlacht von Jena und Auerstedt mit seiner vieljährigen Haushälterin, Demoiselle Vulpius, trauen, und so zog sie allein einen Treffer, während viele tausend Nieten fielen.*«

Der unsinnige Aufruhr um Goethes Ehe mit Christiane hat sich so tief in das Weimarer historische Bewusstsein eingefressen, dass die der Stadt eng verbundene Schriftstellerin Inge von Wangenheim noch 1973 (!) klagte: »*Zur Zeit der Klassiker jedenfalls war das so, wie uns die wohlkonservierten Flüche, die vom Parnass auf dieses ›enge, beschränkte, verdammte Klatschnest‹ herabdonnerten, wissen lassen. Die Lengefeldschen Damen zumindest, die Schillersche und die von Kalb, senkten ihre Sonnenschirme, wenn auf der Gegenseite ›diese Person‹ daherkam, die mit Exzellenz in wilder Ehe … ogottogott! Gar Schiller selbst kniff vor seinem Standesweib, brachte es im gesamten Briefwechsel mit Goethe nicht ein einziges Mal über sich, Christiane wenigstens ›durch die Blume‹ grüßen zu lassen, und der Geheimrat nahm das hin, ohne einmal aufzumucken.*« Als ob es damals keine anderen Sorgen gegeben hätte!

Weimar glich wie Jena in jenen Tagen einem Kriegslager, einem Lazarett und einer einzigen blutenden Wunde. Doch jeder schien sich in den folgenden Monaten selbst der Nächste, denn die Schäden durch Plünderungen und Kriegssteuern sowie materielle und personelle Lasten – alles wurde auf das

Volk abgeladen und erreichte Werte in Höhe von etwa 4 Millionen Talern. Zudem bedurfte es gewaltiger politischer Anstrengungen v. a. des Kanzlers Friedrich von Müller, die Existenz des Herzogtums zu retten. Am 15. Dezember 1806 gelang das schließlich im Vertrag von Posen, mit dem Sachsen-Weimar-Eisenach dem von Napoleon diktierten Rheinbund beitrat. Carl August kehrte erst Ende Januar 1807 in die Vaterstadt zurück – erleichtert wurde er von den Untertanen empfangen.

In den folgenden Monaten bangte Weimar zwischen Angst und Hoffnung. Nach erbitterten Schlachten bei Preußisch Eylau und Friedland, die auch das Blut Weimarer Söhne forderten, schlossen Frankreich und Russland im Juli 1807 den Frieden von Tilsit. Die politische Lage blieb unsicher. Man bemühte sich auch in Weimar um ein normales Leben, aber es wirkte wie ein Mahnruf, als es im Juli 1807 beim traditionellen Vogelschießen zu einer Pulverexplosion kam, die Tote und Verletzte forderte. Das Fest ging trotzdem weiter.

Napoleon und Russlands Kaiser Alexander I. verständigten sich, im Herbst 1808 bei einem Treffen in Erfurt und Weimar die Ergebnisse des Friedens von Tilsit zumindest zu überprüfen. Die Begegnung sollte die Fürsten des Rheinbunds einschließen und Weimar als Ort festlicher Unterhaltung einbeziehen.

Das Zweikaisertreffen von Erfurt: Menetekel kommenden Unheils

Doch Herzog Carl August verfolgte auch eigene politische Ziele. Er musste aufpassen, dass der Wunsch nach Macht- und Ansehenserweiterung nicht zwischen den europäischen Großmachtinteressen zerrieben wurde. Als Rheinbundstaat folgte Weimar den Reformbestrebungen französischer Gesetze. Das Herzogtum war gleichzeitig mit dem autokratischen russischen Kaiserhaus verschwägert, unter dessen Mitgliedern es erbitterten Widerstand gegen ein Bündnis mit Napoleon gab. Demonstrativ reisten Carl Friedrich und Maria Pawlowna im Juni 1808 nach St. Petersburg ab. In vier Wochen quälten sie sich bei sommerlicher Hitze über die ausgefahrenen Sandwege Brandenburgs, Ostpreußens und des Baltikums. Der sie dienstlich verpflichtet begleitende Kammerherr Anton von Ziegesar musste seine schwangere Frau Louise zurücklassen und schrieb ihr sehnsuchtsvolle Briefe: »*Zwey Tage sind es, meine Louise, daß ich Dich verließ in Thränen, und selbst mit ernster Trauer im Herzen – jede Stunde war ich mit Dir und wünschte mir nur ein späteres Wort von Dir zu haben, als das letzte, was Du mir sagtest, denn mit diesem verbindet sich mir das Bild der Trauer und der tiefsten Rührung; nun bist Du ruhiger, denke ich mir, aber ich weiß es nicht – doch dem Himmel vertrauend, dem guten Gott, der unser ganzes Schicksal leitet, verliere ich nicht den Muth und reise weiter mit Zuversicht …*«

Nur der Erbprinz kehrte mit Ziegesar zum Erfurter Fürstentag zurück, um seinem Vater zur Seite zu stehen und dem russischen Kaiser die formale Ehre zu erweisen. Trotz glänzender Bälle, Jagden und Theateraufführungen: Weimars politische Wünsche blieben unberücksichtigt und es hieß, sich weiter mit den Gegebenheiten des Krieges abzufinden. Man musste Soldaten stellen, als Napoleons »Große Armee« im Juni 1812 in Russland einfiel. Der Feldzug endete für den Kaiser der Franzosen schmählich – auf seiner Flucht nach Paris kam er auch durch Weimar. Bis in das Jahr 1814 zogen sich die anschließenden Befreiungskriege hin.

Weimar wurde in alle Phasen einbezogen. Neben den materiellen Lasten durch Kontributionen, Kriegsanleihen, Einquartierungen und der Versorgung durchziehender Truppen wogen bei den Einwohnern die menschlichen Verluste an Toten, Verwundeten und Waisen besonders schwer. Wie in ganz Deutschland ergriffen auch hier mildtätig und patriotisch gesinnte Frauen und Männer die Initiative und gründeten Hilfsorganisationen zur Unterstützung der Kriegsopfer. Die herzogliche Familie, insbesondere Maria Pawlowna, nahm die bürgerlichen karitativen Initiativen gerne auf und leistete ihren Beitrag zur allgemeinen öffentlichen Wohlfahrt. Das oft gerühmte Weimarer »Patriotische Institut der Frauenvereine« wurde zum markantesten Beispiel fürstlicher Wohltätigkeit, die sich nachhaltig über die folgenden Jahrzehnte erstreckte, ohne das elementare Menschenrecht auf soziale Grundsicherung erfüllen zu können.

Das kleine Glück im Weltgetriebe: Die Stadt wird großherzogliche Residenz

Als Napoleon im April 1814 abdankte, traf sich auch Weimars Bevölkerung zu einem befreienden Fest: »*Freudenschiesen den ganzen Tag*«, schrieb Goethe in sein Tagebuch. Weniger geräuschvoll ging es in den Kirchen zu. Bittgottesdienste erflehten Hilfe gegen Teuerungen, Hunger und Seuchen. Das waren Veranstaltungen, wie sie David Friedrich Gesky beschrieben hat: »*5.8. [1817] Dienstag: Durch Veranlassung des Burgmühlenbesitzers, Herrn Karl Brückner, wurde auch in Weimar eine öffentliche Betstunde gehalten. Nachmittags halb drei versammelte sich der Landsturm, sodann die Jugend. Die Mädchen waren alle in weißen Kleidern und jede hatte einen Kranz. Um drei Uhr begaben sich der hochedle Stadtrat, die Herren vom Stadtgericht, von mehreren Bürgern begleitet, nach dem Oldershausschen Hause zu. Daselbst stand ein Fuder mit Korngarben geladen, mit sechs Pferden bespannt. Jedes Pferd wurde von einem Knecht geführt. Sowohl der Wagen als auch die Pferde waren mit Blumen behangen ... Hinter dem Wagen gingen die Schnitter mit Bändern behängt. An dem Wagen hing ein Carmen [hier: Gebet] geschrieben: Gott segnet die Ernte, dankend erhebt sich unser Herz.*« Die Menschen bekamen sogar etwas Getreide, denn es war das Jahr »ohne Sommer«, das Jahr, in dem die Folgen des Vulkanausbruchs des Tambora in Südostasien auch Europa mit Missernten und Hungersnöten überzogen.

In diesem Jahr befand sich das »Patriotische Institut« noch in der Gründungsphase, während die mit dem Namen Johannes Daniel Falk verbundene »Gesellschaft der Freunde in der Not« und das danach gegründete »Falksche Institut« bereits aktiv an der Linderung der Not v. a. von Kindern wirkte. Falk nahm Kriegswaisen in sein Haus auf, musste ob der großen Nachfrage mehrfach umziehen und stellte sein persönliches Leben in den Dienst der Kinder. Er praktizierte aktive Barmherzigkeit, besaß dabei aber nicht die Chance des »Patriotischen Instituts der Frauenvereine«, das die Großherzogliche Familie in ein profitables Unternehmen für sich selbst verwandelte. Doch er schenkte der Welt das unsterbliche Lied: »*O du fröhliche, o du selige, gnadenbringende Weihnachtszeit!*«

Die persönlichen wirtschaftlichen und sozialen Probleme interessierten Weimars Bürger vor allen anderen Sorgen.

Gleichzeitig lebten sie in einem politischen Umfeld und in einer besonderen geistig-kulturellen Sphäre, die das Gesicht der Stadt prägten, obwohl während der Kriegsjahre 1803 Johann Gottfried Herder, 1805 Friedrich Schiller, 1807 Anna Amalia und 1813 Christoph Martin Wieland gestorben waren.

Die vielseitigen Produktionszweige des von Bertuch betriebenen »Landes-Industrie-Comptoirs« lieferten ein praktisches Beispiel für wirtschaftliche Effizienz und schufen Arbeitsplätze. Das war auch politisch notwendig, denn auf dem Wiener Kongress 1814/15, der den »Deutschen Bund« begründete, wurde Sachsen-Weimar-Eisenach zum Großherzogtum erhoben und Weimar damit Großherzogliche Residenz. Die Nobilitierung lag zwar weit unter den politischen Ansprüchen Carl Augusts. Aber er musste sich mit diesem »*Geschenk der Götter*«, wie Goethe es sarkastisch formulierte, abfinden. Der Zuwachs an Bevölkerung und Land brachte den Menschen nur neue Sorgen, von denen der als tolerant und liberal geltende Großherzog ohnehin genug besaß.

Gemeinsam mit den Geheimen Räten und den Mitgliedern der Landesdeputation erarbeitete Carl August eine landständische Verfassung, die am 5. Mai 1816 verabschiedet wurde. Sie galt hinsichtlich der mit ihr einhergehenden Gewährung von Bürgerrechten als vorbildlich und rief zugleich den Zorn der reaktionären Kräfte im Deutschen Bund hervor: Einrichtung eines Staatsministeriums, Wahlrecht für die Bauern und v. a. die Pressefreiheit betrachtete man als »Jakobinismus«. Dass Gelehrte und Publizisten wie Lorenz Oken oder Heinrich Luden die freie Presse weidlich für national-liberale und demokratische Ideen nutzten, musste der am monarchischen Prinzip festhaltende Carl August in Kauf nehmen. Er duldete 1817 sogar den Aufruhr auf der Wartburg.

Das historische Wartburgtreffen vom 18. Oktober 1817, organisiert von Jenaer Studenten und Professoren, fand zum 300. Jubiläum der Thesen Martin Luthers statt. Die nationale und freiheitliche Symbolik des Festes war so stark, dass die konservativen Gralshüter um Österreichs Kanzler Metternich die diskutable Randerscheinung einer Bücherverbrennung nutzten, die studentische Bewegung zu kriminalisieren. Die

Großzügigkeit Carl Augusts begeisterte zwar die Jenaer Studenten. Aber ein publizistischer Streit um die Veröffentlichung eines Spitzelberichtes, den der Dichter August von Kotzebue über die Stimmung unter deutschen Schriftstellern an die zarische Regierung in Petersburg gerichtet hatte, beschwor in Weimar eine politische Krise herauf, in der Carl August zurückweichen musste.

Als Kotzebue am 23. März 1819 in Mannheim vom ehemaligen Jenaer Studenten und Burschenschaftler Karl Ludwig Sand erstochen wurde, verabschiedeten Minister des Deutschen Bundes im August die »Karlsbader Beschlüsse« zur Überwachung der Universitäten, zur Verschärfung der Presse- und Bücherzensur und zur Einsetzung einer Zentraluntersuchungskommission gegen alle »demagogischen Umtriebe« im Bund. Carl August musste sich unterordnen, die zarte Blüte der Pressefreiheit welkte dahin, der Landtag durfte nicht öffentlich tagen. Die Einführung einer allgemeinen Einkommenssteuer deutete zumindest auf das Bestreben von Reformpolitikern wie Ernst August Christian von Gersdorff nach größerer sozialer Gerechtigkeit für die Bürger Weimars hin.

Was blieb noch von den Jahren des klassischen Weimar? Goethe war weiterhin lebendig, von Weimars Bürgern nicht unbedingt geliebt, doch seine Existenz wirkte unvermindert als Symbol der bedeutenden Rolle Weimars in Deutschland.

Coudray und Hummel bereichern Stadtbild und Musikkultur an der Ilm

Bei allen Alltagssorgen: Weimar tat etwas dafür, den Nimbus der Kulturstadt in die Zukunft zu tragen. Ein wesentlicher Schritt bestand 1816 in der Berufung von Clemens Wenzeslaus Coudray zum Großherzoglichen Oberbaudirektor. Er gab der Stadt ihr unverwechselbares klassizistisches Aussehen. Außerdem verstand er etwas vom Theater, war ein glänzender Organisator lebendiger Hof- und Volksfeste sowie ein treuer Freund Goethes.

Steingewordene Zeugen seines komplexen Kunstverständnisses sind bis in unsere Tage in der Jakobskirche, am Westflügel des Weimarer Stadtschlosses mit der Schlosskapelle, am Roten Schloss, an den Tor- und Zollhäusern am Frauenplan, an der Hauptwache oder an der Wagenremise am Theaterplatz zu finden. Coudray hat den Stadtturm zum Büchermagazin der Herzogin Anna Amalia Bibliothek ausgebaut und das Liszt-Haus umgestaltet. Besonders zu erwähnen die Fürstengruft auf dem Historischen Friedhof. Dazu kamen unendlich viele Details wie die Türen und Bänke von Goethes Gartenhaus, der

CLEMENS WENZESLAUS COUDRAY

Während der Studienzeit in Paris (1800–1804) gewann der Dekorateur Coudray bereits Architektur-Wettbewerbe. Die Prinzen von Oranien stellten ihn als Hofarchitekten an und vermittelten ihn auf eine Professur nach Fulda. 1816 nahm er die Einladung Carl Augusts nach Weimar an und wirkte dort bis zu seinem Tode 1845 als Großherzoglicher Oberbaudirektor. Keiner hat dem Stadtbild ein so nachhaltiges Gepräge gegeben wie er. Zu seinen wichtigsten Bauwerken zählen in Weimar neben seinem Wohnhaus in der Heinrich-Heine-Straße der gusseiserne Brunnen am Frauenplan und das dortige Torhaus, die Weimarer Hauptwache (die heutige Bibliothek) und das »Thor- und Wachhaus an der Erfurter Chaussee«. Er war an der Restaurierung der Jakobskirche beteiligt, am Entwurf und Bau des Westflügels des Weimarer Stadtschlosses, der Wagenremise am Theaterplatz, der Weimarer Fürstengruft und des Herderbrunnens vor dem Alten Gymnasium.

Er avancierte zum Maître de Plaisir der höfischen Gesellschaft. Goethe schätzte ihn als guten Freund und Gesprächspartner. Coudray war es zu verdanken, dass das Weimarer Bauwesen grundlegend reformiert wurde. Er entwickelte Pläne und Vorschriften zur Ökonomisierung von Bauprojekten und konkreten Bauabläufen.

Coudray wurde auf dem Weimarer Historischen Friedhof beigesetzt. Seine Hinterlassenschaft ist das architektonische Werk, welches er nach seiner Regel, »*dass die Größe, das Erhabene im Einfachen seine Wurzel hat*«, schuf. Um der Wirtschaftlichkeit und der Kunst willen gründete er die »Freie Gewerkenschule«, deren Besuch kostenfrei war, um adäquate Handwerker auszubilden.

Goethebrunnen am Frauenplan oder der Herderbrunnen vor dem Wilhelm-Ernst-Gymnasium Weimar.

Das geistig-kulturelle Leben erfuhr in der Residenz der Nachkriegsjahre einen Aufschwung, dem Coudray ein öffentliches Gesicht verlieh. Im Oktober 1817 feierte Weimar drei Tage lang den 300. Jahrestag der Reformation, obwohl Goethe der Ansicht war, dass zu Luthers Zeiten würdige Männer gewiss Großes geleistet haben, dass dieses Ereignis jedoch im Trubel aktueller politischer Widrigkeiten von 1817 relativ geringe Bedeutung besaß.

Bis zum Jahresbeginn 1819 gelang es auch, den berühmtesten Klaviervirtuosen jener Zeit, den österreichischen Komponisten Johann Nepomuk Hummel, als Hofkapellmeister auf Lebenszeit nach Weimar mit seinen knapp 9000 Einwohnern zu berufen. Das Musikleben erfuhr eine deutliche Bereicherung, obgleich Hummel bis zu seinem Ableben im Jahre 1837 einen zähen Kampf um seine Kompetenzen sowie um die Besoldung und soziale Anerkennung seiner Musiker führen musste. Da ging es ihm nicht besser als den einfachen Bürgern, die seit 1821 versuchten, mit der neu gegründeten Landessparkasse ihre finanziellen Nöte zu lindern. Ein Bestreben, dem auch Johann Daniel Falk nachging, der 1821 mit den von ihm betreuten mittel- und elternlosen Kindern das Söllnersche Freihaus bezog, das er bis 1824 zum »Lutherhof« ausbaute.

Die wirtschaftliche Struktur der Stadt erlitt einen spürbaren Verlust, als am 3. April 1822 Friedrich Justin Bertuch starb. Im Sinne seiner Ambitionen wurde 1823 die Stiftung des Landwirtschaftlichen Vereins »Belvedere« ins Leben gerufen. Sie kümmerte sich um die Erhöhung der Erträge im Garten- und Weinbau sowie die Förderung der Vieh- und Bienenzucht, der Fischerei und Forstkultur und gab ab 1833 einen Volkskalender zur Propagierung ihrer Ziele und Ergebnisse heraus.

So ging das städtische Leben weiter: Mit Öl betriebene Schwebelaternen sollten die nächtliche Straßenbeleuchtung verbessern. 1824 wurden in der Nacht vom 13. zum 14. Juli die sterblichen Überreste der Mitglieder des großherzoglichen Hauses aus einem unterirdischen Gewölbe im Schloss in die nach Plänen von Coudray im römisch-dorischen Stil errichtete

Fürstengruft überführt. Die Malerin Louise Caroline Seidler, deren Ausbildung von Goethe gefördert wurde, übernahm als Kustodin die Betreuung der Großherzoglichen Gemäldegalerie. Diese neue Galerie, die 282 Gemälde und Zeichnungen sowie 13 Skulpturen umfasste, wurde 1825 in sechs Räumen des Jägerhauses der Öffentlichkeit zugänglich gemacht.

Doch auch Rückschläge blieben nicht aus: Im März 1825 brannte das Komödienhaus mit Garderobe, Dekorationen und Archiv nieder. Weimars Ruf als Hort der klassischen Literatur geriet erneut in Gefahr! In Windeseile wurde ein neues Theater aus dem Boden gestampft. Bereits am 3. September 1825 wurde das neue, nach Entwürfen von Carl Friedrich Steiner erbaute Hoftheater aus Anlass des 50-jährigen Regierungsjubiläums von Großherzog Carl August mit der in italienischer Sprache aufgeführten Oper »Semiramis« von Gioachino Rossini – in den Hauptrollen Karoline Jagemann, Johann Heinrich Stromeyer und Henriette Eberwein – eröffnet.

Symbolisch, als wollten Landesherr und Stadtregiment Kunst und Bildung nachhaltig miteinander verknüpfen, wirkte, dass zwei Tage später die erste nach Plänen von Coudray erbaute städtische Schule, zu der am 17. November 1822 der Grundstein gelegt worden war, für 600 bis 700 Kinder mit vier Mädchen- und vier Knabenklassen als Carl August-Schule eingeweiht und am 20. Oktober 1825 eröffnet wurde. In diese Kombination von Kunst und Bildung passte es, dass die vermeintlichen Gebeine Schillers im Dezember 1827 auf Veranlassung Carl Augusts zwei Jahrzehnte nach dem Ableben des Dichters in der Fürstengruft zur letzten Ruhe gebettet wurden.

Und daran besaß Carl Leberecht Schwabe seinen Anteil! Unter den Bürgermeistern Weimars wird er, der von 1820 bis 1838 an der Spitze der Stadt stand, stets besonders oft erwähnt. Schwabe ist nicht in die Geschichte eingegangen, weil er als Kind den kleinen Erbprinzen Carl Friedrich heimlich mit Weißbrot versorgt hat, das man diesem bei Hofe verweigerte. Auch die Bautätigkeit in der Residenzstadt während der Amtsführung Schwabes wird eher mit Coudray und dem Großherzog in Verbindung gebracht. Eigentlich verdankt Schwabe

Goethe in Betrachtung von Schillers Schädel. – Gipsskulptur von Gustav Heinrich Eberlein, 1897. Wohl nur ein Wunschtraum, denn Schillers Schädel wurde nie endgültig und eindeutig identifiziert.

seinen historischen Ruhm einer entschlossenen Einzeltat, aus der ein wahrer Weimarer Pitaval hervorging.

Für Schwabe begann alles mit Schillers Tod am 9. Mai 1805. Er gehörte zu der kleinen Gruppe von Schiller-Verehrern, die den großen Dichter bei Nacht und Nebel im Kassengewölbe auf dem Jacobsfriedhof der Stadt zu Grabe trugen, getreu den städtischen Gewohnheiten: »*Erst am darauf folgenden Tage wurde in der Gottesackerkirche die religiöse Trauerfeier, die sogenannte, Kollekte, gehalten, an welcher sich alle, die dem Toten die letzte Ehre geben wollten, beteiligten.*« Auch Schwabes Grabstein auf Weimars Historischem Friedhof hat das Ereignis festgehalten: »*Carl Lebrecht Schwabe treuer Verehrer Schillers verwirkte dessen Ueberführung nachts 11./12. Mai 1805.*« Sohn Julius Schwabe beschreibt in den Erinnerungen an seinen Vater detailliert, welche logistische Meisterleistung damit selbst in dem kleinen Weimar in der Kürze der Zeit verbunden gewesen ist. Der Grabstein bezeugt weiter: »*Als Bürgermeister von Weimar rettete er daraus im März 1826 Schillers Gebeine für die Fürstengruft.*«

Hinter der nüchternen Notiz verbirgt sich die ganze dramatische Geschichte: 21 Jahre nach Schillers Ableben befahl das Landschaftskollegium die Räumung des Kassengewölbes. Schwabe suchte verzweifelt nach den Gebeinen Schillers: »*Doch er fand nur ein Chaos von faulenden Sargtrümmern, Zeugfetzen und bunt umherliegenden Gebeinen, wie es nur vieljährige gänzliche Vernachlässigung des Ortes und die darin herrschende dumpfe Feuchtigkeit hervorbringen konnte. Vergebens war alles Suchen; kein einziges Zeichen ließ erkennen, daß eines der vorhandenen Holzstücke zu Schillers Sarg gehört hatte.*« Doch Schwabe ließ sich nicht entmutigen! Er stieg mehrere Nächte zu den Arbeitern in das verfallene Gewölbe ein: »*Dreiundzwanzig Schädel wurden gefunden. Dreiundzwanzig Personen waren, wie die Akten des Landschaftskollegiums erwiesen, seit der letzten, vor zweiunddreißig Jahren stattgehabten Ausräumung des Kassengewölbes beigesetzt worden. Also mußte sich unter den gefundenen Schädeln der Schillersche befinden. Die dreiundzwanzig Schädel ließ mein Vater in seine Wohnung tragen. Hier wurden sie gereinigt und auf einem großen Tische aufgestellt. Wie der Gott unter den Hirten, so hob sich vor seinen zweiundzwanzig Genossen durch die edle Gestaltung und Größe ein Schädel hervor. Mein Vater zweifelte keinen Augenblick, daß es der Schillersche sei, und ebenso bezeichneten zahlreiche Männer, welche Schiller persönlich gekannt hatten und zur Besichtigung der Schädel eingeladen worden waren, ohne Ausnahme einen und denselben Schädel als den Schillers.*«

Doch das war ein Irrtum. Schillers Schädel wurde nie gefunden, sein Sarg in der Fürstengruft ist leer. Bürgermeister Schwabe hingegen ruht nach erfüllter Pflicht in Frieden.

Die Last des Erbes: Carl Friedrich verleiht *Weimar* das Gesicht biedermeierlicher Genügsamkeit

Welch eine behagliche Stadt ist dieses kleine Weimar!
so recht gemacht für einen Sommeraufenthalt,
der ruhiges Arbeiten verbinden soll mit ungehindertem Naturgenuss!
Ich wüsste kaum eine deutsche Stadt, die so viele Vorteile
in sich zu diesem Zwecke vereinte.
ADOLF STAHR

Carl August starb am 14. Juni 1828 im Schloss Granitz auf dem Rückweg von Berlin nach Weimar. Am 9. Juli trugen ihn seine Untertanen in der Weimarer Fürstengruft zu Grabe. Goethe hat seines Freundes und Mäzens in Würde gedacht: »Er war beseelt von *dem edelsten Wohlwollen, von der reinsten Menschenliebe, und wollte mit ganzer Seele nur das Beste. Er dachte immer zuerst an das Glück des Landes und ganz zuletzt erst ein wenig an sich selber. [...] Dabei war er schweigsamer Natur, und seinen Worten folgte die Handlung. [...] Er liebte das Derbe und Unbequeme und war ein Feind aller Verweichlichung. [...] [Die Gunst des Volkes suchte er]* nicht und tat den Leuten keineswegs schön [...].«

Goethe war sich nicht sicher, wie der neue Großherzog Carl Friedrich und dessen Gemahlin Maria Pawlowna das Erbe Carl Augusts fortsetzen würden. Carl Friedrich betrachtete die Weimarer klassische Literatur als eine sehr bedeutende geistige Richtung unter den anderen deutschen literarischen Strömungen. Maria Pawlownas geradezu byzantinistische Verehrung für das Genie Goethes hatte wenig mit den realistischen und streitbaren Entwicklungen unter Deutschlands Poeten gemeinsam.

Unter diesem Eindruck und nach dem frühen und tragischen Ende seines Sohnes August im Jahre 1830 traf Goethe die testamentarische Entscheidung: »Meine Nachlassenschaft ist so kompliziert, so mannigfaltig, so bedeutsam, nicht bloß für meine Nachkommen, sondern auch für das ganze geistige Weimar, ja für ganz Deutschland, daß ich

[…] verhüten [muß], daß durch eine rücksichtslose Anwendung der gewöhnlichen Regeln und gesetzlichen Bestimmungen großes Unheil angerichtet werde. Meine Manuskripte, meine Briefschaften, meine Sammlungen jeder Art, sind der genausten Fürsorge wert. Nicht leicht wird jemals so vieles und so vielfaches an Besitztum interessantester Art bei einem einzigen Individuum zusammen kommen. […] Es wäre schade, wenn dies alles auseinander gestreut würde. […] In diesem Sinne möchte ich diese meine Sammlungen konserviert sehen. Einige davon, namentlich meine Münzen und die Medaillen – deren Wert in historischer und artistischer Hinsicht nicht genug zu schätzen ist –, wünschte ich für die hiesige Bibliothek und respektive Münzkabinett akquiriert zu sehen, nach billigem Anschlag. / Die übrigen Sammlungen soll man wenigstens zwanzig bis fünfundzwanzig Jahre lang nicht zerstreuen, noch veräußern […] / Auch mein Haus und meine Gärten wünschte ich in den ersten zwanzig bis fünfundzwanzig Jahren nicht verkauft.«

Ende einer Epoche: Goethe stirbt

Die Verfügungen sollten sich für Weimar als folgenschwer erweisen. Am 16. März 1832 erkrankte Goethe, und am 22. März starb er, »bequem in die linke Ecke des Lehnstuhls« gedrückt, nachdem er mit der Hand imaginäre Zeichen in die Luft geschrieben hatte, an einem grippaler Infekt, der zu einem Infarkt und Herzversagen geführt hatte. Der Arzt Carl Vogel trug zur Legendenbildung bei: »Die Sprache wurde immer mühsamer und undeutlicher. ›Mehr Licht‹ sollen, während ich das Sterbezimmer auf einen Moment verlassen hatte, die letzten Worte des Mannes gewesen sein, dem Finsternis in jeder Beziehung verhaßt war.« Coudray, der bei Goethes Tod zugegen war, fügte hinzu, dass die letzten Worte des Sterbenden dem Diener Friedrich Krause gegolten hätten, dem er zurief: »Mach doch den Fensterladen im Schlafgemach auf, damit mehr Licht herein komme.« Krause korrigierte wiederum seinerseits: »Es ist wahr, daß er meinen Namen zuletzt gesagt hat, aber nicht um den Fensterladen auf zu machen, sondern er verlangte den Botschanper [pot de chambre: Nachttopf), und den nahm er noch selbst und hielt denselben so fest an sich, bis er verschied.«

Nicht minder prosaisch verlief die Beerdigung am 26. März, über welche die Weimarer Theologengattin Wilhelmine Schütze festhielt: »Heute morgen war Goethe auf dem Paradebette zu sehen;

vor Menschendrang aber konnte niemand von den Honoratioren dazu kommen, bloß das Volk. Sie kletterten [...] über die Mauer und betrugen sich roh und ausgelassen. [...] [Der Leichenzug, der nachmittags um vier Uhr begann,] erschien höchst unorden[t]lich geordnet und wunderlich untereinander gemischt. Die Equipagen – [Oberhofmarschall] Spiegel – [Hofmarschall] Bielke – die Minister – die Leiche selbst, in dem alten Leichenwagen ohne Blumen und nur zwei Kränze. Nicht einmal die goldene Lyra [als Zeichen des Dichters] schmückte seinen Sarg. Sonderbar genug ward er ohne alle christliche Zeichen bis zum Kirchhof getragen. Das Vortragen des Kreuzes fehlte ihm ganz [...] Vor dem entsetzlichen Menschen-Lärm hörte man kein Glockengeläute, alle Gesichter kalt und teilnahmslos, genug nirgends eine Spur von Rührung. – So ward Deutschlands größter Dichter beerdigt!«

Die Absenkung des Sarges in die Fürstengruft ging, wie Coudray berichtet, ebenfalls wenig erhaben vonstatten: »An einer Ecke hatte zwar die Fußleiste des Sarges durch Anstreifen am steinernen Türgewände eine kleine Beschädigung erhalten, die aber sofort wieder hergestellt wurde, wie sich viele Verehrer Goethes, welche seitdem die Gruft besucht haben, überzeugt haben; das durch irgend einen Mißwollenden verbreitete Gerücht einer unwürdigen Behandlung des Sarges beim Herabschaffen desselben in die Gruft verdient also keine Beachtung.«

Wie dem auch gewesen sei: Goethe verlieh der Stadt Unsterblichkeit. Nach dem Tode des Dichters begann endgültig eine neue Phase Weimars in der deutschen Geschichte. Niemand konnte darauf bauen, dass ein zweiter Carl August oder Goethe das Bild der Stadt prägen würde. Erbe, Tradition und eigenständige Zukunftsüberlegungen mussten Hand in Hand gehen.

Wie sich Weimar »nachklassisch« entwickelte

Großherzog Carl Friedrich stand vor gänzlich anderen Bedingungen als sein Vater im Jahre 1775. Es gab einen »Deutschen Bund«, politisch beherrscht von der konservativen Restauration – trotz der sich rasant entwickelnden industriellen Revolution. Weltoffenheit, Freigeist und liberales Nationalbewusstsein versteckten sich hinter den Bildern des skurrilen Einzelgängers und Malers Carl Spitzweg.

Carl Friedrich passte bestens in die Szene des Biedermeier. Sein Credo war die fromme Bewahrung der Tradition des Hauses Sachsen-Weimar-Eisenach, unaufgeregt, kunstsinnig und standesbewusst, voll Vertrauen in die fügsamen Beharrungskräfte seiner Minister und seiner Untertanen. Die autokratisch-orthodox erzogene russische Gemahlin Maria Pawlowna unterstützte ihn, wenn es um die Wahrnehmung der fürstlichen Statussymbole ging. Beide zusammen verstärkten die politische Anbindung an das zur nationalen Führungsmacht aufsteigende Preußen.

Wenn die Hofdame Caroline von Egloffstein 1830, zur Zeit der Julirevolution in Frankreich, spottete: »*Gestern abend um 1/2 6 Uhr, wie ich durch die kleinen Straßen ging, schlossen sich alle Riegel vor den Haustüren zu, alles spricht von Revolution, und es ist keiner da, der Lust hätte, eine zu machen*«, dann traf sie damit den Weimarer Zeitgeist. Der Landesherr musste sich erst darin zurechtfinden, dass Weimar von den großen Persönlichkeiten nicht mehr repräsentiert wurde. Goethes Schwiegertochter Ottilie und deren Kinder verschlossen obendrein dessen Nachlass für Jahrzehnte vor der Öffentlichkeit.

Dennoch musste Weimar um seiner selbst willen alle Möglichkeiten mobilisieren, das klassische Erbe zu nutzen, Schloss- und Stadtbild zu erneuern, höfische und öffentliche Geselligkeit zu pflegen, neue prominente Gäste nach Weimar zu holen und das wirtschaftliche wie soziale Leben der Stadt nicht vor den modernen Entwicklungen zu verschließen. Carl Friedrich und seine Gemahlin taten, was in ihren Kräften und Fähigkeiten stand.

Noch bereicherten Veteranen aus klassischer Zeit, wie die Brüder von Humboldt, das geistige Leben der Stadt. Noch wirkte Coudray für ein modernes Stadtbild. Neue Persönlichkeiten, wie Ludwig Schorn als Leiter der Freien Zeichenschule, kamen hinzu. Das geistige und kulturelle Leben der Stadt erschöpfte sich nicht in den »Literarischen Abenden« am Hof, die mit Beiträgen aus vielen Wissensgebieten die Tradition des Musenhofs fortsetzten. Zahlreiche berühmte Musiker, wie Clara Schumann oder Nicolo Paganini, regten das Musikleben der Stadt an. Die Auftritte wurden mit wohltätigen Veranstaltungen verbunden, wie generell nach Maßgabe des Reichtums Maria Pawlownas auf die soziale Wohltätigkeit durch den Landesfürsten größere Aufmerksamkeit gelegt wurde als auf eine zielstrebige Sozialpolitik zu Gunsten der Menschenrechte unterprivilegierter Schichten. Frederic Soret, Prinzenerzieher des Thronfolgers Carl Alexander, beschrieb das Dilemma: »*Um das öffentliche Wohl kümmert sich nur die großherzogliche Familie, die anderen sind entweder zu arm oder zu sehr Egoisten [...]. Jede Art von Verbesserung geht deshalb hier viel langsamer vor sich als anderswo, dennoch darf man mit dem offenbaren Aufstieg zufrieden sein. Ich war schon Zeuge mehrerer wichtiger Reformen, die der Allgemeinheit zugute kommen, und man verspricht uns deren noch mehr. Man bemüht sich vor allem um die Erziehung armer Kinder, aber leider sind deren allzu viele, und über die anzuwendenden Mittel ist man nicht einig.*«

Doch es gab Erfolge: Das städtische Krankenhaus wurde 1829–32 nach einem Entwurf Coudrays gebaut. Die wirtschaftlichen und sozialen Belange der städtischen Bevölkerung duldeten keinen Stillstand, zumal der Anschluss Weimars an den »Deutschen Zollverein« die traditionell klein- und mittelständische Wirtschaft seit dem Beginn der 30er-Jahre vor grundlegende Strukturwandlungen stellte.

Die ebenfalls von Coudray entworfene Bürgerschule konnte bis zu 700 Mädchen und Jungen aufnehmen und wurde später durch Neubauten erweitert. Konfessionelle und private Einrichtungen ergänzten ein ganzes Schulsystem, das auf vielfältige Weise mit einem sich ständig erweiternden und vertiefenden Netzwerk bürgerlicher Vereine, wie z. B. dem »Landwirtschaftlichen Verein«, verknüpft wurde. Die Vereine erfassten bald fast alle Berufszweige und sozialen Interessengruppen, so dass sie auch in der Weimarer Erbmonarchie zu einer festen gesellschaftlichen Organisationsform heranwuchsen.

Was wird aus Goethes Erbe? – Tradition und Neuanfang

Mitte der 30er-Jahre entschloss sich der Großherzog zu einem längst überfälligen Sanierungsprogramm für seine Schlösser. Davon profitierten v. a. das Residenzschloss und dessen Westflügel mit der Anlage der Dichterzimmer zu Ehren Goethes,

Schillers, Wielands und Herders, denen der nach Weimar berufene Ludwig Schorn und der Maler Friedrich Preller die erhabene ästhetische Gestalt verliehen. In das Sanierungsprogramm flossen auch die in der näheren Umgebung liegenden kleinen Schlösser von Tiefurt, Ettersburg und Kromsdorf ein. Eine langfristige Schwerpunktaufgabe blieb die Sanierung der Wartburg in Eisenach.

Auch im unmittelbaren Schlossumfeld Weimars wurde gebaut. Damals entstand das Residenzcafe am Grünen Markt. Man errichtete in der Innenstadt sechs Brunnen und allem voran: Der Bau des neogotischen neuen Rathauses nach Entwürfen von Heinrich Heß entsprach in seiner Hinwendung zum Historismus nicht nur dem Traditionsbewusstsein Carl Friedrichs, sondern insgesamt dem Geist des Biedermeier und reflektierte zugleich den wachsenden Bürgerstolz (1847 wurde die Stadt an das Eisenbahnnetz angeschlossen) der auf 13.000 angewachsenen Einwohner. Das alte Rathaus aus dem 16. Jahrhundert war 1837 abgebrannt.

Weimars Residenzschloss nach dem Wiederaufbau in der ersten Hälfte des 19. Jahrhunderts. – Zeitgenössische Abbildung.

Das 1841 neu errichtete Rathaus am Markt in Weimar. – Zeitgenössische Darstellung von 1860.

Das großherzogliche Haus und den Rat bewegte immer wieder die Frage, wie das kulturelle Markenzeichen der Stadt in die Zukunft getragen werden konnte. Der Nachlassverwalter des Goethe-Erbes, Kanzler Friedrich von Müller, unternahm Anstrengungen, weitere Werke des Dichters zu veröffentlichen. Auf Veranlassung der großherzoglichen Familie entwarf der Publizist August Varnhagen von Ense 1834 das Konzept für eine Goethe-Stiftung: »Vielleicht würde der jetzt leider in erschreckendem Maße zunehmende anarchische Zustand unserer Literatur durch eine solche Institution binnen kurzem und ohne Beeinträchtigung der notwendigen und wünschenswerten Freiheit in einen mehr geordneten und gesetzlichen zu verwandeln sein. Schon hierdurch allein wären auch für den politischen Zustand wesentliche Vorteile mit erlangt … Der Geist Goethes ist ein Geist der Ordnung, der Mäßigung, der Besonnenheit, der Ehrfurcht, seine Wirkung ist erhaltend und fortbildend, und dabei so mannigfaltig und beweglich, daß ihm vor anderen gelingen kann, auch die ausschweifenden und verwilderten Kräfte, welche von dem literarischen Boden auf den politischen so leicht übergehen, zu ruhiger Entwicklung anzuziehen und in milderen Gestalten festzubannen.«

Es war ein Dokument des Konservatismus. *Goethes Geist* sollte als Gegengewicht zu den aufrührerischen Stimmen des literarischen *Jungen Deutschland* dienen. Aber ebenso entsprach es dem Geist der Zeit, dass aus dem Plan einer nationalen Goethe-Stiftung nichts wurde. So blieb die Absicht, das Bild der Goethe-Stadt zu bewahren, vorerst auf den kleiner werdenden Kreis seiner früheren Mitstreiter, Freunde und Anhänger vor Ort begrenzt, zu denen Coudray, Eckermann oder der Bibliothekar Riemer zählten. Sie pflegten ihren »Goethe-Kult« v. a. dadurch, dass sie ihre eigenen Erinnerungen an den Dichter auf den Markt der deutschen Literatur trugen.

Dichter des Vormärz wie Heinrich Heine spotteten denn auch über den in der großen Weltsicht verwaisten und nostalgisch barmelnden »Musenwitwensitz«. Der Spott richtete sich neben Weimar gegen das ganze biedermeierliche Deutschland.

Franz Liszt: Der Hoffnungsträger kommt!

Ein Jahrzehnt nach Goethes Ableben glaubte man den Mann gefunden zu haben, der das Banner des klassischen Erbes auf neue Weise entrollen konnte: Franz Liszt! Der aus Ungarn stammende geniale Komponist und Virtuose elektrisierte das musikalische Europa durch die Gewalt seiner Darbietung – und durch die Flexibilität der Beziehungen zum schönen weiblichen Geschlecht.

Nach Weimar kam er im November 1841, weil seine Geliebte Carolyne zu Sayn-Wittgenstein dort Hilfe von Carl Friedrich und Maria Pawlowna für ihre Ehescheidung vom russischen Gemahl erhoffte. Für Liszt war es eine Ehre, in der Stadt Goethes Konzerte zu geben, und das großherzogliche Paar griff bei diesem Glücksfall der Geschichte beherzt zu.

Der berühmte Weimarer Hofkapellmeister Johann Nepomuk Hummel war 1837 gestorben. Liszt wurde vorerst zum »Hofkapellmeister in außerordentlichen Diensten« ernannt, auch gegen das Murren der Weimarer Philister über das »*Virtuosen-Hagelwetter*« und den ihnen wenig seriös anmutenden Lebensstil Liszts im Umfeld der Frau von Sayn-Wittgenstein.

1848 zogen die beiden in die 1811 erbaute Altenburg, und Franz Liszt wirkte bis 1861 als ordentlicher Hofkapellmeister: Weimar eroberte sich mit ihm einen neuen Platz in der Weltkultur, den der Komponist selbst als geistige Fortsetzung des klassischen Weimars betrachtete.

In der Causa Sayn-Wittgenstein operierte der passionierte Freund des Cognacs und der Zigarren allerdings wenig diplomatisch: Während eines Klavierkonzerts in Weimar schwatzte der anwesende russische Zar Nikolaus I. Irritiert unterbrach Liszt das Spiel am Flügel. Der Kaiser herrschte ihn wegen der Pause unwirsch an. Der Gescholtene darauf: »*Wenn Majestät reden haben alle anderen zu schweigen.*« Diese Zurechtweisung durch den virtuosen Pianisten Liszt hat Zar Nikolaus weder vergessen noch verziehen.

Im Wellenschlag der deutschen Revolution: Liszt bereichert das klassische Erbe

Das Hungerjahr 1847, die politische Stagnation im Deutschen Bund, strukturelle wirtschaftliche Umbrüche unter dem Einfluss des Deutschen Zollvereins und der industriellen Revolution weckten sogar bei Bürgern im stillen und kulturvollen Weimar den Wunsch nach liberalen Reformen. Aus Frankreich rollte die revolutionäre Woge hinüber nach Deutschland und lief in Weimar zu kleineren Wellen auf.

Getragen vom Eisenacher Landtagsabgeordneten Wydenbrugk verlangte eine Bittschrift der Bürger mehr Pressefreiheit. Jenaer Studenten heizten die Stimmung an, Forderungen nach Rücktritt der Regierung wurden laut. Am 8. März versammelten sich v. a. Bauern auf dem Marktplatz. Einige Heißsporne drangen ins Schloss vor. Doch Großherzog Carl Friedrich konnte sich auf den Schutz durch die Stadtbürger verlassen. Er kam heraus, sprach leutselig mit seinen Untertanen, deren gütiger Vater er sein wollte, versicherte die Einhaltung aller Rechte und Pflichten und verabschiedete sich wohlwollend mit den seither zum geflügelten Satz gewordenen Worten: »*Ich hoffe, dass ihr alle so gut schlafen werdet, wie ich.*«

Die Menge ließ ihn hochleben. Der öffentliche Auftritt steigerte seine Popularität. Der tonangebende Staatsminister Watzdorf, der Flügeladjutant von Beust, die Ehefrau und die Kinder – alle redeten auf Carl Friedrich ein. Der Großherzog tat, was er immer getan hatte: Mit einfachen und herzlichen Worten überzeugte er die Landeskinder von der Lauterkeit seiner Absichten.

Eine zweite Demonstration am 11. März verlief auf dem Marktplatz mit bis zu 10.000 Teilnehmern nicht mehr so friedvoll. Die Minister Schweitzer und Gersdorff mussten zurücktreten und Wydenbrugk wurde in die Regierung aufgenommen. Doch im Hintergrund zog Minister Watzdorf die Fäden und sorgte dafür, dass die Herrscherfamilie nicht in Panik geriet. Carl Friedrich trat selbstverständlich und gelassen an die Öffentlichkeit und sorgte so dafür, dass die Lage nicht außer Kontrolle geriet. Mit der »Märzregierung« setzte er notgedrungen Reformen in Gang: Feudallasten wurden aufgehoben, die Pressefreiheit verbindlich zugesichert, die Gleichheit aller vor dem Gesetz proklamiert und die Aufstellung einer Bürgergarde bewilligt.

So stürmisch die Revolution in Berlin, Sachsen oder Baden verlief: In Weimar fand sie im Grunde nur ein gemäßigtes national-liberales Echo, und für die Gegenrevolution war es nicht schwierig, erneut zur Restaurationspolitik überzugehen. Objektiv betrachtet sorgten der Geist Goethes und das Genie Franz Liszt in Weimar für die herausragenden Bewegungen während der Revolution.

Liszt revolutionierte gegen viele Widerstände die Weimarer Musikszene – inhaltlich und organisatorisch –, und wie einst zu »klassischen« Zeiten strömten wieder Künstler verschiedener Kunstgattungen in die Stadt, nicht nur Hector Berlioz oder Richard Wagner mit ihren genialen musikalischen Werken! Ein kollektives »Neues Weimar« sollte zum geistigen und kulturellen Mittelpunkt der nach wie vor politisch ungeeinten deutschen Nation werden.

Der 100. Geburtstag Goethes im Jahre 1849 war ein prächtiger Anlass, den Gedanken einer nationalen Goethe-Stiftung in Weimar erneut auf die Tagesordnung zu setzen.

FREISPRUCH FÜR FRANZ LISZT!

1849 durchlebte Liszt ein turbulentes Frühjahr und dann auch noch die Anzeige des Weimarer Kriminalgerichtsaktuars von Uslar vom 19. Februar: Herr Dr. Liszt, der in Weimar nicht einmal in ordentlichen Diensten stehe, geschweige denn einer Administration unterstehe, sondern lediglich »*den Charakter eines Hofkapellmeisters erhalten hat*«, solle öffentlich erklärt haben: Das »*Criminalgericht hier wäre eine schlechte und traurige Behörde, er sei vom Criminalgericht einige Mal wegen Miserabilitäten und Lumpereien, nach denen in anderen Städten kein Hahn kräht, bestraft worden, und die Behörde hier – oder die Behörden – sind schauderhaft. Überhaupt ist hier die Borniertheit und das Philisterthum zu Hause, die Weimarer sind alle Esel.*«

Uslar resignierte erschüttert: »*Wir bemerken dabei, dass Dr. Lißt uns nur als europäische Notabilität im Pianospiel, sonst aber ganz und gar nicht bekannt ist, und daß wir daher nicht zu ergründen vermögen, wie er darauf gekommen ist, das Criminalgericht in seinen Äußerungen zu berühren.*« Liszt wurde zu einer Geldstrafe von zehn Talern und zur Zahlung der Untersuchungskosten verurteilt, wies die Anklage und das Urteil jedoch empört zurück. Der Fall landete bei

Franz Liszt im Konzertsaal in einer zeitgenössischen Karikatur.

der letzten Instanz, vor dem Oberappellationsgericht in Jena. Am 19. November 1850 (!) gab das Gericht das Urteil bekannt. Das lautete, »[d]aß unter Wiederaufhebung des Erkenntnisses der vormaligen Großherzoglichen Landesregierung zu Weimar vom 2. Juli 1849 Bl. 21 der Untersuchungsacten der Angeschuldigte mit dem ihm angesonnenen Reinigungseid, sowie mit der ihm eventuell zuerkannten Strafe und Kostengeltung zu verschonen ist, auch die Kosten der jetzigen Instanz außer Ansatz zu lassen sind.«

Das Gericht hat dem Widerspruch Liszts stattgegeben, weil lediglich der Zeuge Hofschauspieler Fedor von Milde und dessen Aussage zur Verfügung standen, während alle übrigen Anschuldigungen nicht bewiesen werden konnten. Aber die Aussagen Mildes (»es sei infam, wie man hier zu Lande wegen Lappalien vor das Kriminalgericht geladen werde«) waren nicht mehr Gegenstand der Anklage vor Gericht. Die Liszt nachgewiesenen Aussprüche waren für das Gericht »allenfalls nur eine in unziemlicher Weise ausgesprochene Kritik der hierüber bestehenden Gesetzgebung«. Für die Gesetze war das Kriminalgericht nicht zuständig und durfte sich durch eine Gesetzeskritik nicht beleidigt fühlen, »zumal der Zeuge von Milde ausdrücklich versichert hat, dass er eine direkte Verunglimpfung des Kriminalgerichts von Seiten des Liszt nicht vernommen habe«.

Weimars Bürger feierten ein großes Volksfest und der sparsame Großherzog zeigte sich großzügig. Als Carl Friedrich kurz nach Goethes 100. Geburtstag von einer Kur aus Karlsbad zurückgekehrte, ließ er die Laienaufführung des »Jahrmarktfestes von Plundersweilern« im Park von Tiefurt wiederholen. Er finanzierte die Aufführung und gab obendrein einen »*Thee für 50 Personen aus dem Volke auf Rechnung Serenissimae*«. Hofkonditor wie Hofbäcker, Gastwirte und Gärtner lieferten acht Pflaumenkuchen, vier Rührkuchen »*mit Chocolade*«, fünf Pfund schwarzen Tee, drei Pfund Kandis- und ein Pfund klaren Zucker, dreieinhalb Maß Rahm, anderthalb Maß Rum zum Tee, eine Kanne Punsch und einen Teller Biskuit. Ein Eimer Lagerbier, 48 Bratwürste mit Brot, 13 Schinkenbrötchen, elfeinhalb Maß Grog sowie 17 ½ Portionen Essen bekamen die Bühnenarbeiter und Musiker.

Liszt nutzte derweil die Gelegenheit für ein neues Konzept zu einer Goethe-Stiftung. Sie sollte internationale Wettbewerbe für Literatur, Malerei, Musik und Skulptur ausschreiben, die in Weimar im Rahmen der jährlichen Gedenkfeierlichkeiten für Goethe entschieden und preisgekrönt werden würden. Er und ein Berliner Goethe-Komitee hatten die konkrete Vorstellung, die Stiftung 1850 zu gründen und den Festakt mit Richard Wagners Oper »Lohengrin« zu krönen. Liszt wollte dem Großherzoglichen Haus die volle logistische und kommerzielle Verantwortung für die Stiftung unter dem Schirm einer »Union deutscher Staaten« übertragen. Damit wäre Carl Friedrich wie einst sein Vater Carl August mit den klassischen Dichtern in den Mittelpunkt der Kulturnation gerückt.

Doch die Reichspolitik ließ dieses Privileg nicht zu. In der »Olmützer Punktation« mussten vorerst alle Hoffnungen auf die deutsche staatliche Einheit aufgegeben werden und Franz Liszts große Initiative für die Goethe-Stiftung blieb eine schöne Utopie.

Der Ungar ließ sich jedoch zunächst nicht entmutigen, und Weimar konnte sich glücklich schätzen, dass er die internationale Musikwelt an die Ilm holte, trotz aller Intrigen, in denen sich der künstlerisch begnadete Theaterintendant Franz Dingelstedt durch besonderen Eifer auszeichnete. Bekannt geblieben ist der Skandal aus dem Jahre 1858, als Dingelstedt die Oper »Der Barbier von Bagdad« von Peter Cornelius zu Fall brachte, nur weil Liszt die Premiere dirigiert hat.

1861 verließ Liszt entnervt Weimar, kehrte später aber immer wieder einmal zurück und wohnte dann in der alten Hofgärtnerei am Ilmpark, in der Großherzog Carl Alexander nach 1886 ein Museum für den genialen Musiker einrichten ließ. Weimar hat seither dem Andenken Franz Liszts alle Ehre erwiesen und ihn in die Ahnenreihe der großen Geister dieser Stadt gestellt.

ÜBER DEN ENTWURF EINER GOETHE-STIFTUNG

Franz Liszt formulierte in jenen Tagen den Entwurf »De la Fondation-Goethe à Weimar«. Der Aufruf, jährlich zum Geburtstag Goethes ein bedeutendes Werk aus der Literatur, der Malerei, der Bildhauerkunst oder der Musik auszuzeichnen, wurde mit strengen Organisationsregeln verbunden. An der Spitze der Stiftung sollte ein Direktorium mit 25 Mitgliedern stehen. Dem würde u. a. angehören: »*Se. Königl. Hoheit, der Erb-Großherzog von Weimar, der bei den Sitzungen der Goethe-Stiftung ständig das Recht des Präsidiums hat. Nach ihm wird ein anderer Prinz seines Hauses gewählt, um in dieses Recht einzutreten, welches für immer der Großherzoglichen Familie von Weimar vorbehalten bleibt.*«

Liszt schwebte ein eigenes repräsentatives Gebäude vor, dessen Gestaltung durch einen speziellen Wettbewerb ausgewählt werden könnte: »*Inzwischen wird es die edle Gastfreundschaft des Weimarer Regentenhauses ermöglichen, dass der Goethe-Stiftung als verfügbare Lokalitäten öffentliche Gebäude wie die Bibliothek, das Rathaus, das Gymnasium und andere zur Verfügung gestellt werden, und zweifellos wird sie mit der selben Großherzigkeit den großen Wartburgsaal für die Festlichkeiten öffnen, so dass nach manchen Jahrhunderten von neuem die Harmonien der Poesie und Musik daselbst erklingen werden.*« Das Stiftungskapital in Höhe von 100.000 Talern sollte durch eine Subskription unter dem »Schutz« des Erbgroßherzogs erbracht werden.

Da Liszt mit mehreren Jahren Anlaufzeit rechnete, bis die volle Kapitalhöhe erreicht werden würde, sollte der Großherzog bis dahin die jährliche Preisverleihung mit bis zu 2000 Talern unterstützen. Liszt appellierte: »*Wir hoffen, dass die Menschen von gutem Glauben und gutem Willen in diesem Projekte, das sich nur durch die lebendige Teilnahme des Weimarischen Regentenhauses realisieren lässt, einen ebenso aufrichtigen wie innigen Wunsch erblicken werden, an der Verwirklichung jener Idee, die Deutschland mit allem Stolz als eine Inspiration seines Nationalgeistes zu betrachten das volle Recht hat, mitzuarbeiten, ohne dass dabei an die unter der Erschütterung der jüngsten Zeitereignisse noch schwer atmenden Bevölkerung allzu belastende Forderungen gestellt werden.*«

(Franz Liszt im September 1849 in: De la Fondation-Goethe à Weimar, Weimar 1961.)

Die Dichtung folgt der Musik: In Erwartung eines »silbernen Zeitalters«

Zu einer bestimmten Zeit (...) hatte ich für Weimar eine
neue Kunstperiode erträumt, ähnlich der von Carl August,
wo Wagner und ich die Führer gewesen wären,
wie einst Goethe und Schiller.
Die Engherzigkeit, um nicht zu sagen, der schmutzige Geist
gewisser örtlicher Verhältnisse, alle Arten von Missgunst
und Dummheit von draußen wie drinnen
haben die Verwirklichung dieses Traumes zunichte gemacht.
Franz Liszt

Franz Liszt hatte zum 100. Geburtstag Goethes ein Beispiel für die lebendige Würdigung der Klassik gegeben. Die Weimarer selbst taten sich mit ihren Dichtern schwerer. Der Goethe-Nachlass blieb verschlossen, zu Schillers 100. Geburtstag reichte es nur zu einem Fackelzug. Als sich 1853 und 1863 die Todestage von Herder und Wieland zum 50. Mal jährten, nahm die Stadt davon kaum Notiz. Dem Theaterdirektor Franz Dingelstedt schuldete die Stadt trotz seiner Intrigen gegen Liszt Dank dafür, dass Weimar zu der an Wieland erinnernden Shakespeare-Rezeption zurückkehrte. Zum 300. Geburtstag des Dichters wurde 1864 die »Shakespeare-Gesellschaft« gegründet. Dingelstedt inszenierte alle Königsdramen des »Barden« und die Presse jubelte: »*Weimar ist durch Franz Dingelstedt [...] zur unbestreitbar ersten Bühne Deutschlands geworden [...] gewiß konnte Shakespeares dreihundertjähriges Jubiläum nicht würdiger begangen werden.*«

Die Gesellschaft hätte zum Vorbild für gleichartige Gründungen im Namen Goethes oder Schillers werden können: Sie vereinte das gesellschaftliche Event mit der Memorialkultur und einer sich ausweitenden wissenschaftlichen Forschung und Publizistik. Das »Shakespeare-Jahrbuch« fand weltweite Verbreitung, die Bibliothek der Gesellschaft gehört heute noch zum Bestand der Anna Amalia Bibliothek.

Liszt und die Shakespeare-Gesellschaft verdankten ihr Wirken v. a. der Zuwendung durch den seit 1853 regierenden Großherzog Carl Alexander. Charakterlich ähnelte er seinem Vater Carl Friedrich mehr als dem Großvater Carl August. Er interessierte sich mit sehr persönlichem Geschmack für viele Bereiche der Kunst, liebte das geistvolle Gespräch, nicht nur mit dem Märchendichter Hans Christian Andersen, und besaß wie sein Vater einen weniger ausgeprägten politischen Willen, die Traditionen der Dynastie durch markante oder auch riskante Entscheidungen zu bereichern. Vielleicht war er sogar noch eine Spur skurriler als sein Vater, denn über Carl Alexander kursierten in Weimar die meisten Anekdoten, die das Herrscherhaus mit gutmütigem Spott überzogen. Als z. B. auf der Ettersburg, seinem Lieblingsschloss, gebaut wurde, beobachtete der Großherzog längere Zeit, dass der Fuhrmann die schweren Wagen mit Baumaterial vierspännig auf den Berg dirigierte. Herunter kamen die leeren Wagen mit zwei Pferden. Der Fürst sprach den Fuhrmann an: »*Sagen Sie, lieber Mann, Sie fahren immer vierspännig hinauf und zweispännig hinunter, müssen sich da oben nicht ungeheuer viele Pferde sammeln?*«

Unabhängig von heimatlichen Liebenswürdigkeiten wurden die politischen Spielräume nach der Revolution von 1848 im Zuge der Einigung des Reichs ständig weiter beschnitten. Aber Carl Alexander war sich bewusst, dass Weimar für das künftige Deutsche Reich ein unverzichtbarer Hort nationalen Selbstbewusstseins sein würde. Und er besaß in seiner Frau, der königlich-niederländischen Prinzessin Sophie von Oranien-Nassau, eine energische und eigenwillige Partnerin mit nahezu unbegrenztem Vermögen.

Carl Alexander hat sich bereits 1846 in einem Brief an Andersen aus Wilhelmsthal selbst sehr hübsch portraitiert: »*Jetzt bin ich hier in tiefer Waldeinsamkeit vergraben. Aus meinem Fenster ruht mein Blick auf einer weiten, grünen Sommerwiese und schweift an einer Wand gigantischer Tannen entlang hinauf in die blaue Luft. Ein stiller See, ruhig und ernst wie ein frommes Auge, blickt aus all' dem Grün, nicht weit von meiner Wohnung, hervor. Wie lieb ich dies Alles! wie lieb ich die Natur! [...] Ich habe Werther beendigt. Wie wahr und treu das menschliche Bild! die Form nur ist alt aber in allen Zeiten bleibt der Mensch derselbe. Es ward mir grausig hinab zu* blicken in diesen Seelensturm, denn wer ist nicht zeitweise, wenigstens, herumgetrieben auf den wilden Wogen des inneren Meers! Nun will ich die Wahlverwandtschaften lesen, die kenne ich noch nicht [...].«

Tradition und Moderne wollte der Großherzog im Geiste des Weimarer Musenhofs zu einem neuen, »silbernen Zeitalter« führen. Schloss und Park Ettersburg, saniert und im Geiste des Fürsten Pückler-Muskau zur Bildergalerie nach englischem Park-Vorbild umgestaltet, dienten Carl Alexander als gesellschaftliche Basis eines literarischen, künstlerischen und geselligen Neuanfangs, mit dem die Hofgesellschaft sich selbst und das städtische Leben bereichern sollte. Respektvoll ehrte er den nostalgischen Konservatismus seiner Eltern im »alten Hof«, und er besaß den Sinn für memoriale Symbolik. Nach dem Willen seiner verstorbenen Mutter ließ er 1862 auf dem Historischen Friedhof eine Griechisch-orthodoxe Grabkapelle für Maria Pawlowna neben die Fürstengruft bauen und die Grundmauern durchstoßen, so dass beide Eltern nebeneinander ihre ewige Ruhe fanden und Weimar ein neues Wahrzeichen erhielt.

Sanfte Politik auf dem Weg ins Deutsche Reich

Am Beginn der 60er-Jahre bestieg Carl Friedrichs Schwiegersohn Wilhelm von Preußen als König Wilhelm I. den Thron und Otto von Bismarck trat ins Zentrum der preußischen Politik – mit dem Anspruch der Einigung des Reichs durch »Blut und Eisen«. Die zur Königin aufgestiegene Augusta, die jüngere der Töchter Carl Friedrichs, sorgte durch ihr unorthodoxes und selbstbewusstes Verhalten dafür, dass die familiären Beziehungen zwischen den Höfen in Weimar und Berlin sowohl von Herzlichkeit als auch von Abneigung gekennzeichnet wurden – und dafür, dass Bismarck Weimar als ein ständiges Ärgernis betrachtete.

Es zeugte von geradezu verwegenem politischem Mut, dass sich im September 1862, als Bismarck berufen wurde, im thüringischen Reinhardsbrunn sowie auf der Wartburg die englische Königin Victoria, der preußische Kronprinz Friedrich Wilhelm, dessen Gemahlin Victoria, Herzog Ernst von Sachsen-Coburg und Gotha sowie Carl Alexander trafen und Einigkeit darüber erzielten, dass die deutsche Frage allein auf konstitutioneller Grundlage gelöst werden müsse. Bismarck konnte die Treffen als geheime Verschwörung der »höfischen Fronde« mit der britischen Krone verstehen – und so den gesamten »Coburger Plan« und die nachfolgende »Coburger Intrige« von 1866, die unter Einbeziehung König Leopolds I. von Belgien von demselben Personenkreis mit gleichen Zielen den Krieg gegen Österreich verhindern wollte, als preußenfeindlich bekämpfen.

Tatsächlich weigerte sich Carl Alexander so lange es ging, am Krieg gegen Österreich teilzunehmen. Bismarck schickte ein Ultimatum nach Weimar, Carl Alexander kündigte die Mitgliedschaft im Deutschen Bund, ordnete sich Preußen unter und versuchte, eine politische Rolle bei der Reichseinigung zu spielen. Selbstbewusst beging man 1866 den 50. Jahrestag der von ihm erlassenen Verfassung. Einer der Festredner war der einst als politischer Störenfried empfundene Journalist Heinrich Jäde, der Weimar als »*den freiesten Boden der Deutschen*« feierte. Frei im Geiste eines propreußischen und nationalistischen Einheitsstrebens.

Als preußische Truppen am 1. Juni in Weimar einrückten, wurden sie von den Einwohnern begeistert empfangen. Carl Alexander verlegte sein Regiment in weiser Voraussicht kommender Ereignisse in das neutrale Mainz und später nach Württemberg. Er tat recht daran: Selbst 22 Abgeordnete des Weimarer Landtags forderten, »*durch einen in Freiheit erstarkenden preußischen Staat das gesamte Deutschland zu nationaler Kraft und Einigung*« zu führen.

Carl Alexander geriet in seiner Friedenssehnsucht immer stärker unter Druck. Der Deutsche Bund, Bismarck, der Kriegsverlauf bis zur Schlacht bei Königgrätz am 3. Juli 1866 und der Hurra-Patriotismus seiner Weimarer Landeskinder zerrten ihn in alle Richtungen.

In Weimar stieg die Kriegsstimmung bis zur Siedehitze, als Gottfried Stichling, Herders Urenkel, als preußischer Offizier in der Schlacht bei Langensalza den »Heldentod« starb. Weimar erinnerte sich der Worte Herders: »*Süß und ehrenvoll ist es, für*

Großherzog Carl Alexander besucht Werkstätten, die an der Restaurierung der Wartburg mitwirkten.

das Vaterland zu sterben«, die preußenfreundliche Hochstimmung in Weimar erfasste den Landtag, der am 20. Juli spontan den Beitritt des Großherzogtums zum von Bismarck geführten Norddeutschen Bund erklärte. Carl Alexander resignierte. Schritt für Schritt verlor er bis hin zur Reichseinigung im Jahre 1871 seine landesherrlichen Prärogative. Es war kein Gedanke mehr an den einst aufrührerischen Carl August. Sein Enkel besaß nur noch die Chance, entsprechend seinem Charakter, seinem Selbstbewusstsein und seinen Interessen das stets gepflegte Ansehen Weimars als deutsche (Haupt-)Stadt des Geistes und der Kultur zu mehren und mit neuem Glanz in das geeinte Reich zu führen: Er hatte ohnehin bereits 1857 sein politisches Meisterstück geliefert!

Aristokratische Pflege klassischer Traditionen – Das Denkmal deutschen Weltgeistes!

Carl Alexander leistete mit der Restaurierung der Wartburg einen wichtigen Beitrag zum neuen deutschen Selbstbewusstsein. In der Weimarer Memorialkultur konnte er auf die Vorleistungen seines Vaters aufbauen: 1850 war vor der Stadt- und Herderkirche das Denkmal Ludwig Schallers für Johann Gottfried Herder, gestiftet von den »*Deutschen aller Lande*«, aufgestellt worden.

Mit dem Jahr 1857 kam der 100. Geburtstag des bereits legendären Carl August heran. Bislang waren alle Projekte zu einem Goethe-Denkmal in Weimar gescheitert. Den letzten Impuls gab es in der Revolution 1848/49, nach dem 100. Geburtstag Goethes. Getreu den Bräuchen im deutschen Föderalismus wurde der Vorschlag im ganzen Reich über Jahre bis in die kleinsten Details hin und her bewegt: Gestalt, Kleidung, Gesten – Goethe und/oder Schiller? Letztlich setzte sich der bayrische Standpunkt durch: die Weltbürger Goethe und Schiller als geistige Stifter der deutschen Einheit vor dem Weimarer Hoftheater. Der Dresdener Akademieprofessor Ernst Rietschel nahm die schwere Bürde auf sich, dem klassischen deutschen Mythos memoriale Gestalt zu verleihen und ein Denkmal zu schaffen, das über Generationen hinweg zu einem Symbol deutscher Seele und deutschen Geistes werden sollte – und wurde!

Rietschel besaß das Vertrauen Carl Alexanders und Franz Liszts. Er hatte das 1853 in Braunschweig enthüllte Lessing-Denkmal geschaffen. Im selben Jahr legte er seine Vorstellungen für Weimar dar: »*Schiller will ich noch mit gänzlicher Beibehaltung der Stellung ein wenig nach innen rücken, so daß die Figuren etwas mehr sich zugewandt werden, doch nicht mehr, als daß beide Gestalten noch nebeneinander gleichsam dem Volke gegenüber stehen. Auch werde ich mich vorzugsweise bestreben, [daß] die bewegtere Stellung Schillers den monumentalen Forderungen der Ruhe möglichst entspricht. Vielleicht tritt Schiller noch etwas zu stark vor, beide sollen möglichst ihren Standpunkt auf gleicher Linie haben. Da eine körperliche Berührung als Zeichen ihrer Freundschaft stattfinden muß, so glaube ich in der Lage der linken Hand Goethes auf Schillers Schulter das trauliche Gemüthsverhältniß anzudeuten. Göthe, 10 Jahre älter als Schiller, also früher im Besitz seines Ruhms, hält den Kranz fest, den er als Symbol der Poesie oder [des] Ruhms oder der Unsterblichkeit errungen, oder den ihm die Nation gereicht, Schiller, seiner hohen Bedeutung sich bewußt, faßt zugleich hinein.*«

Der 100. Geburtstag Carl Augusts sollte Weimar erneut den Glanz einer deutschen Kulturstadt verleihen. Einer Stadt, die

Goethe- und Schiller-Denkmal von Ernst Rietschel, aufgestellt 1857. – Holzstich aus dem Jahre 1885.

nationalen Geist und Poesie in fester Einheit mit der Monarchie auf dem Wege zum einheitlichen Reich symbolisierte. Herders Statue stand schon vor »seiner« Kirche. Jetzt, im September 1857, folgten ein Denkmal für Wieland von Hans Gasser am Wielandplatz und als Krönung Rietschels Monument für Goethe und Schiller auf dem Theaterplatz. Als Symbol folgte im selben Rahmen die Grundsteinlegung für das Carl-August-Denkmal vor dem Fürstenhaus. Das Modell für das künftige Reiterstandbild, das erst 1875 auf den Sockel gehoben wurde, entstand, geschaffen von Adolf von Donndorf, ebenfalls in Rietschels Dresdener Werkstatt.

Am 4. September 1857 kam der große Tag im Leben Rietschels und Weimars: Die Stadt erhielt quasi ein neues Wappen oder gar ein Banner, das sie hoch in den Wind der Geschichte recken konnte. Alle waren glücklich: »*Lang lebe der Großherzog!*« Da den Organisatoren der Feierlichkeiten die nationale Mythologie noch nicht ausreichte, reisten die geladenen Gäste am folgenden Tag auf die Wartburg, deren Sanierung durch das regierende Haus der Ernestiner inzwischen gute Fortschritte gemacht hatte, was bei dieser Gelegenheit mit devoten Huldigungen hinreichend gewürdigt wurde. Carl Alexander zog alle Register seiner Traditionsverehrung und Sehnsucht, sich an der Kunststadt Weimar zu berauschen: Liszt schloss die Feierlichkeiten mit einem Konzert ab. Der Geist Weimars jubilierte erhabener als zu Goethes Lebzeiten! Er und Schiller standen nun unverrückbar im Herzen der Klassikerstadt und schienen gerührt, denn sie wussten: »*Das Vaterland*« hat sie auf diesen Platz gestellt – und damit ist in Deutschland kein Scherz zu treiben.

Das Vaterland? Ganz Deutschland hatte tatsächlich diskutiert. Das Standbild selbst war letztlich eine bayrisch-sächsisch-thüringische Gemeinschaftsproduktion. Wo blieb da Preußen? Man wusste einen Ausweg. Zum 300. Jahrestag der Universitätsgründung durch den Kaiser beauftragte man den preußischen Bildhauer Johann Friedrich Drake, auf dem Marktplatz in Jena ein Denkmal für Johann Friedrich I. den Großmütigen zu errichten. So steht denn der »Hanfried« seit 1858 im Zentrum Jenas: wuchtig, trutzig, preußisch – nicht so feingliedrig wie die schönen Seelen in Weimar.

Carl Alexander war natürlich bewusst, dass die Stadt allein vom Nachruhm der Klassik nicht leben konnte. Es musste vielmehr gelingen, bedeutende lebende Künstler dauerhaft an Weimar zu binden. Bei Liszt war das immer ein Spiel mit Risiken – einerseits wegen der gegen ihn arrangierten Intrigen, andererseits ließ sich ein Künstler wie er nicht nur an diese Stadt fesseln.

Carl Alexander versuchte es mit dem dänischen Märchendichter Hans Christian Andersen – doch Preußens Krieg gegen Dänemark schob dem einen Riegel vor. Auch der große Dichter Friedrich Hebbel, dessen »Nibelungen« in Weimar ihre Premiere erlebten, dankte nach sorgfältiger Beobachtung der Fallstricke des Theaterdirektors Dingelstedt ab: »*In Weimar muss man entweder Goethe oder sein Schreiber sein.*«

Es deutete sich für die Stadt ein lähmendes Trauma an: Der übermächtige Schatten Goethes und der Klassik drohte zu einer Fessel zu werden, zumal Goethes Nachlass nach wie vor für einen weltweiten Aufschluss versperrt blieb. Der Dichter Ernst von Wildenbruch mühte sich zwar redlich, Weimar neuen

**AUS DEN ERINNERUNGEN DES MALERS
FRIEDRICH PRELLER D. J. (1838–1901)**

»Verlässt man Weimar, um nach Süden die Straße nach Belvedere einzuschlagen, so passiert man die Marienstraße, eine der breiteren und stattlicheren der kleinen Residenz. Und in der Tat hat diese Straße eine Geschichte. Nicht wenige der bedeutendsten Männer, die Weimars Ruhm weit über seine Grenzen hinausgetragen, haben ihre Wohnung in ihr gefunden, haben dort gelebt und gewirkt. Links das erste Haus war längere Zeit Wielands Wohnstätte, der daran grenzende Garten gehörte ihm noch, nachdem er schon längere Zeit sein eigenes Haus in der Nähe des Theaterplatzes bezogen hatte. Weiter hinauf, auf der rechten Seite, liegt das Wohnhaus des berühmten Musikers und Freundes Beethovens, Johann Nepomuk Hummel [...] und hier endlich verlebte Franz Liszt, nachdem meines Vaters Atelier in das Wittumspalais der Herzogin Anna Amalia verlegt war, seine letzten Lebensjahre. [Das] Atelier wurde Liszts Wohn- und Empfangszimmer; der Raum, wo er oft als Freund meines Vaters gesessen, wurde des Meisters Konzertsalon; die kleine Stube [...] sein Schlafzimmer. Kein bedeutender Mann reiste durch Weimar, ohne bei Liszt und seiner Freundin vorzusprechen; und da ich nun in dem Alter war, in dem man als gesellschaftsreif gilt – ich war neunzehn Jahre geworden –, so wurde ich zu allen größeren Gesellschaften auf der Altenburg mit eingeladen und genoss das seltene Glück, alle berühmten Männer, die dort verkehrten, zu sehen. Friedrich Hebbel zum Beispiel war ein gern gesehener Gast, der sich auch bald mit meinem Vater befreundete. Rubinstein sowie Hector Berlioz, der berühmte französische Komponist, sprachen fast jedes Jahr auf der Altenburg vor [...]«

literarischen Glanz zu vermitteln, hinterließ auch im Stadtbild durch sein Wohnhaus architektonische Spuren – Goethe konnte er nicht ersetzen.

Carl Alexander blieb zudem in seiner Kunstförderung wählerisch. Kunst besaß für ihn etwas Elitäres! Der Düsseldorfer Landschaftsmaler Stanislaus von Kalckreuth gründete 1860 mit großherzoglicher Unterstützung die neue Weimarer »Kunstschule« und handelte dennoch gar nicht im Sinne Carl

Alexanders, der das Erhabene und Heroische in der Kunst favorisierte. Mit Franz von Lenbach und Arnold Böcklin begründete er in einem Gebäude auf der Marienstraße die berühmte »Weimarer Malerschule«, die der realistischen Landschaftsmalerei u. a. auch mit Max Liebermann international zum Durchbruch verhalf und trotz des Widerstands Carl Alexanders Weimar nach der Dichtkunst und der Musik einen weiteren Glanzpunkt in der bildenden Kunst hinzufügte. Zumindest zeitweilig, denn mit der heraufdämmernden Moderne verlor die Landschaftsmalerei auch bald wieder an Bedeutung.

Das Neue Museum

Zu den Träumen Carl Alexanders gehörte auch die Idee eines Deutschen Nationalmuseums in Weimar. Die eigenen Kunstsammlungen sollten der Öffentlichkeit zugänglich gemacht werden. Der Maler Friedrich Preller d. J. sollte dabei einen bevorzugten Platz einnehmen. Er gewann bei einer Italienreise den tschechischen Architekten Josef Zitek, und der erhielt den Auftrag, den Bau des Museums zu planen. Man einigte sich, das »Neue Museum« zwischen dem seit einigen Jahren gewachsenen Bahnhofsviertel und der historischen Altstadt zu errichten und so die beiden Viertel durch die Kunst miteinander zu verbinden. Der Eisenacher Architekt und Schriftsteller Carl von Stegmann übernahm die Ausführung des Neorenaissancebaus und 1869 konnte das erste freistehende Museum in Thüringen eröffnet werden. Weimars Bürger durften das Neue Museum in Besitz nehmen, mit seinen Antiken und Werken alter Meister – nur die moderne Kunst fand leider noch keine Heimstatt in dem prächtigen Bau.

Gemeinsam mit dem Zeichenlehrer Franz Jäde gründete Stegmann bereits 1866 in der heutigen Carl-August-Allee das »Stegmann-Jädische Institut«, in dem Architektur, Handwerk und Kunstgewerbe im Geiste des Industriezeitalters durch moderne Entwürfe zusammengeführt wurden. Das Konzept gefiel sogar Carl Alexander und er ließ die Sammlung des Instituts in die Eröffnungsausstellung des Neuen Museums integrieren.

Stegmanns Aktivitäten und das Neue Museum fielen in eine Zeit reger Bautätigkeit in der Stadt, verbunden mit dem Namen des Architekten Carl Heinrich Ferdinand Streichhan, die tief in die Geschichte und den Geist des 1871 gegründeten Deutschen Reichs hineinreichten. Bauten wie die Kolonnaden am heutigen Goetheplatz und v. a. das monumentale Postgebäude im »Reichsstil« der Gründerjahre gaben der Stadt ebenso neuen Glanz wie das Gebäude des Großherzoglichen Haupt- und Staatsarchivs am Beethoven-Platz oder der Marstall nördlich des Residenzschlosses.

Nicht nur großherzogliche Repräsentativbauten stärkten das Selbstbewusstsein der Bürger. Die »Gründerjahre« nach der Reichseinigung erlaubten bei wachsendem Wohlstand der Kommune weiterreichende Symbole einer modernen Stadtentwicklung. Dazu gehörten nicht nur die Neubauten der Herz-Jesu-Kirche und der neogotischen Sankt-Michaelis-und-aller-Engel-Kirche (Kreuz-Kirche). Im Süden und Westen entstanden neue Stadtviertel mit prächtigen Villen, deren Stil dem Geist der Größe des Reichs entsprach und den Aufschwung der Bürger in Kunst und Kultur widerspiegelte. Große Bauten korrespondierten mit großen Namen, nicht nur berühmter Buchverleger wie Hermann Böhlau oder Gustav Kiepenheuer. Musiker wie Richard Strauss oder Eduard Lassen verliehen Weimar neuen Ruhm.

Das Erbe der Klassik erwacht im Kaiserreich zu neuem nationalem Leben

... je mehr unsere Nation vorwärts schreitet,
desto mehr wird sie auf Goethe zurückkommen
denn sie wird ihn, gerade ihn
immer mehr und mehr brauchen.
CARL ALEXANDER

Endlich: Goethes Nachlass wird geöffnet

Im Juli 1885 veröffentlichten große deutsche Tageszeitungen einen Aufruf, der sich »*An alle Verehrer Goethes*« richtete: »*Unter der Betheiligung von Männern aus allen deutschen Landen ist den 21. Juni d. J. in Weimar eine Goethe-Gesellschaft gestiftet worden, welche sich die gemeinsame Förderung der Goethestudien und die Fortpflanzung derjenigen Geisteskultur, die von Goethe ausgeht und ihm verdankt wird, zu ihrer Aufgabe setzt. Der Zeitpunkt ist für eine solche Vereinigung nicht blos günstig, sondern auffordernd. Mit dem neuen deutschen Reich ist die Zeit einer grossen nationalen und politischen Denkart gekommen, für welche jene Vorurtheile und Befangenheiten nicht mehr sind, die in vergangenen Jahrzehnten die richtige Erkenntniss und Würdigung Goethes bei Vielen gehemmt haben. Ein grosses nationales Reich weiss den grössten seiner Dichter in seinem vollen Werthe zu schätzen. Die Begründung und Erhaltung der politischen Grösse unseres Volkes geht Hand in Hand mit der Pflege und Förderung seiner idealen Güter. Der schriftliche Nachlass des Dichters, der über ein halbes Jahrhundert verschlossen in seinem Archive zu Weimar geruht hat, soll nach dem Willen der erhabenen Erbin, Ihrer Königlichen Hoheit der Frau Grossherzogin Sophie von Sachsen, jetzt erforscht, gesichtet, in werthvollen Theilen veröffentlicht und [...] verarbeitet werden [...].*«

Walther Wolfgang von Goethe, der letzte Enkel des Dichters, war am 15. April 1885 in Leipzig gestorben. Das Haus am Frauenplan, alle Kunstschätze und Sammlungen hatte er testamentarisch in die Obhut des Großherzogtums Sachsen-

Weimar-Eisenach gegeben. Sein letzter Wille enthielt einen handschriftlichen Zusatz: »*Ich ernenne zur Erbin des Goetheschen Familienarchivs, wie solches bei meinem Tode sich vorfindet, Ihre Königliche Hoheit die Frau Grossherzogin Sophie von Sachsen. Es umfasst Bedachtes Archiv die grossväterlichen Schriftstücke, Akten u.s.w., ferner das Privatarchiv meines Grossvaters, wissenschaftlichen, poetischen, literarischen, administrativen, familiären Inhalts, sowie alle von meinen Familienmitgliedern herrührenden persönlichen Papiere, soweit sie sich in dem gedachten Archive vorfinden. Möge Ihre Königliche Hoheit die Frau Grossherzogin dieses mein Vermächtniss, ich sage besser: dieses Goethesche Vermächtniss, in dem Sinne empfangen, in dem es Höchstderselben durch mich entgegengebracht wird, als einen Beweis tief empfundenen, weil tief begründeten Vertrauens.*«

Endlich konnte die Literaturwissenschaft daran gehen, den gesamten schriftlichen Nachlass Johann Wolfgang von Goethes zu ordnen, zu erforschen und zu publizieren. Doch allein Großherzogin Sophie besaß vorerst die finanziellen Mittel, das Projekt zu realisieren.

Die Absicht des letzten Goethe-Enkels zeitigte unterschiedliche Folgen. Die 1885 gegründete »Goethe-Gesellschaft« vereinte zunächst primär den europäischen Hochadel. Dass die aus Weimar stammende Kaiserin Augusta einen besonderen Ehrenplatz einnahm, war verständlich. Aber dass die bald auf 3000 Mitglieder anwachsende Heerschar der konservativen Aristokratie in der »Goethe-Gesellschaft« den Entwicklungstendenzen der modernen Literatur und Wissenschaft entsprechen könnte, war zumindest mit Zweifeln behaftet, obwohl sich die Gesellschaft von Beginn an um die Pflege des Goethe-Museums am Frauenplan verdient machte. Selbst Ernst von Wildenbruch appellierte noch 1903 vergeblich, die Gesellschaft der Moderne zu öffnen.

Dabei war der Widerspruch offensichtlich: Der schriftliche Nachlass Goethes und die bis 1889 von den Nachkommen der Familie Gleichen-Rußwurm zuwachsende Hinterlassenschaft Schillers nützten der »Goethe-Gesellschaft« wenig, solange keine nachhaltige wissenschaftliche Forschung damit verbunden wurde.

ZEITZEUGE

WEIMARS EHRENBÜRGER FRIEDRICH LIENHARD (1918)
»Das eigentlich Wertvolle und Lebendige ist Weimars Wirkung. Das Wort ›Weimar‹ erhält erst – wie die Worte ›Wartburg‹, ›Sanssouci‹, ›Hellas‹ – Leben und Sinn, wenn es in jedem von uns ähnliche Kräfte erzeugt, wie sie dort lebendig gewesen. Und so bedeutet uns denn dies magische Wort nur das Verständigungszeichen für einen feiner-menschlichen Zustand: und zu diesem den Ausweg zu versuchen ist der wahre Weg nach Weimar. Demnach ist der Weg nach Weimar ein Weg in die schöpferische Stille. Der Weg nach Weimar ist ein feines Abstandhalten von der Körperlichkeit der Erscheinungswelt und doch eine innige Anteilnahme am Ergehen und Wesen der Mitmenschen und an dem bunten Spiel der Schöpfungskräfte.«
(Friedrich Lienhard: Wege nach Weimar, 1905)

Das Goethe-und Schiller-Archiv als gestaltendes Zentrum

Großherzogin Sophie verstand das Problem. Sie ließ in den Jahren 1893/97 das Goethe- und Schiller-Archiv errichten, einen prächtigen Bau an der Straße nach Jena, der in seiner Gestalt an das Lustschloss Petit Trianon im Park von Versailles erinnert. In großzügigen Räumen wurde eine ständig wachsende Zahl von Nachlässen deutscher Dichter und Gelehrter aufbewahrt. Die Elite der deutschen Germanisten wurde einbezogen, um die Archivbestände auszuwerten und eine große Sammlung der Werke Goethes zu realisieren: die 143-bändige »Sophien-Ausgabe«. Der Erfolg beflügelte auch die »Goethe-Gesellschaft«, die mit einer sechsbändigen Volksausgabe seiner Werke zur Popularisierung Weimars und des Dichterfürsten beitrug.

Dadurch wurde in der Praxis bestätigt, dass sich Großherzogin Sophie – und nach ihrem Willen das Haus Sachsen-Weimar-Eisenach – mit dem Alleinerbe des Nachlasses zugleich die Deutungshoheit über das Werk Johann Wolfgang von Goethes gesichert hatte. Sie beharrte gegenüber den forschenden Germanisten eigensinnig: »*... der Goethesche Nachlass gehört mir wie dieses Taschentuch in meiner Hand!*«

Frühlingsblüten der Moderne an der Ilm

Auch Carl Alexanders Enkel und Thronfolger Wilhelm Ernst setzte die Tradition fort: Die meisten bedeutenden Persönlichkeiten, die dem »Mythos Weimar« prägende Gestalt und Kontinuität verliehen haben, von Luther über Bach, Wieland, Goethe bis Liszt, waren von außen an die Ilm geholt worden. Es war ein Erfolgsrezept, obwohl Weimar im Laufe der Zeit genügend eigene intelligente Persönlichkeiten hervorgebracht hat. Denken wir nur an den Pädagogen Carl Muthesius, dessen Arbeiten über Goethes Hinwendung zur Zauberwelt der Kinder geistig innovativ gewesen sind.

Mit dem Gedanken an ein »Neues Weimar« sollten den klassischen Fundamenten nun moderne Inhalte hinzugefügt werden. Zu den Auserwählten gehörten die Schwester des Philosophen Friedrich Nietzsche, Elisabeth Förster-Nietzsche, der universell-geistreiche Harry Graf Kessler oder auch der Künstler Henry van de Velde. Erstere lebte in der Illusion, Weimar nach der literarischen Klassik und dem Musikereignis Franz Liszt mit Friedrich Nietzsche eine dritte, von der Philosophie geprägte kulturelle Epoche schenken zu können, mit dem Nietzsche-Archiv im Haus am Silberblick als geistigem Zentrum. Sie war taktisch durchaus geschickt und zog den weltgewandten Diplomaten, Mäzen und Schriftsteller Harry Graf Kessler nach Weimar. Dieser wiederum, der 1903 die Leitung des Weimarer Museums für Kunst und Kunstgewerbe übernahm, holte 1902 Henry van de Velde an die Ilm, einen Künstler des »linearen Jugendstils«, der Aufsehen erregte, weil er in der industriellen Formengestaltung Schönheit, Nützlichkeit, Sachlichkeit und adäquates Material in der Architektur und bei alltäglichen Gebrauchsgegenständen miteinander vereinte.

Die drei Persönlichkeiten zeitigten in sich die ganze Widersprüchlichkeit einer von Traditionen beherrschten Goethe-Stadt, die am Beginn des 20. Jahrhunderts nach Rezepten suchte, ihrem Mythos in der Moderne gerecht zu werden. Förster-Nietzsche, die sich von van de Velde das Archiv im »Haus Silberblick« zu einem architektonischen Glanzstück der

Moderne gestalten ließ, verstrickte sich in wenigen Jahren in die Ideologie vom »Übermenschen«, mit der sie das Erbe ihres armen, kranken Bruders verfälschte. Weimars konservative Traditionalisten spendeten ihr Beifall. Gegen die progressiven künstlerischen und gesellschaftlichen Ambitionen des Kreises um den Grafen Kessler und van de Velde erzitterten sie hingegen vor Zorn.

Die Konzeption des neuen Museums für Kunst und Kunstgewerbe am Karlsplatz, eine Max-Klinger-Ausstellung und die Gründung des »Deutschen Künstlerbundes« (alles im Jahre 1903), dem u. a. Max Slevogt, Max Liebermann, Lovis Corinth und Alfred Lichtwark angehörten und der sich für künstlerische Unabhängigkeit und Vielseitigkeit einsetzte, riefen ein begeistertes Echo unter Kunstfreunden, aber auch die Ablehnung des deutschen Kaisers wie des Großherzogs hervor.

Graf Kessler wollte Weimar zu einem neuen Zentrum der Kunst umgestalten. Die modernen Stilrichtungen des Im- und Expressionismus oder des Kubismus sollten das Herz und Hirn der Weimarer Bürger erfassen. Kessler erregte mit seinen Ausstellungen zeitgenössischer Künstler im In- und Ausland beachtliches Aufsehen. Die Dichter Richard Dehmel, Gerhart Hauptmann, Hugo von Hofmannsthal und Rainer Maria Rilke kamen nach Weimar. Es gelang Kessler zudem, den berühmten französischen Bildhauer Auguste Rodin in die Stadt zu holen. Doch dessen Aktzeichnungen gaben den konservativen Gegnern im Jahre 1906 einen willkommenen Anlass, gegen Kessler auf breiter Front zum Angriff überzugehen. Der Weimarer Maler Hermann Behmer trat mit einem Zeitungsartikel eine bösartige Kampagne los: »*Es zeugt von einem Tiefstand der Sittlichkeit der Künstler und von einer Laxheit der Auffassung des Ausstellungsvorstandes, daß solche Ausstellungen den Weimarer Kunstliebhabern geboten werden, und es herrscht in allen Kreisen darüber eine große Empörung. Ist das Gebotene doch so anstößig, daß wir unsere Frauen und Töchter warnen müssen, die Ausstellung zu besuchen. Daß gerade jetzt eine Reihe von Zeichnungen des französischen Bildhauers an seine Königliche Hoheit unseren Großherzog ausgestellt werden, ist eine solche Schmach für uns Weimarer, daß wir unsere Stimme dagegen erheben. Es ist eine Frechheit des Ausländers, unserem hohen Herrn so etwas zu bieten, und unverantwortlich vom Vorstande, diese ekelhaften Zeichnungen auszustellen und*

Das prächtige Bankgebäude in der Frauentorstraße 3.

eine solche Ausstellung zu dulden. Möge der Franzose aus seinem Künstlerkloakenleben sich ins Fäustchen lachen, so etwas in Deutschland an den Mann gebracht zu haben; wir wollen uns das nicht ruhig gefallen lassen und rufen Pfui und tausendmal Pfui über den Urheber und seine Helfershelfer, *die solche Abscheulichkeiten uns vor Augen stellen. H. Behmer, Professor.*«

Die Kunstszene war fassungslos, die Hofgesellschaft heizte die Stimmung weiter an und Kessler schrieb 1906 entsetzt an Hugo von Hofmannsthal, wie sehr ihn das Verhalten der Weimarer Höflinge anwidere. Er trat von allen Ämtern zurück, gab aber den Gedanken nicht auf, Weimar könne ob seiner Traditionen und seines Mythos doch wieder ein international bedeutendes Kunstzentrum werden. Kessler baute darauf, dass die gleichgesinnten Intellektuellen die Stadt nicht spontan verließen, sondern sich nur vorübergehend auf die Salonkultur des einstigen »Musenhofs« besannen und den geistigen Austausch in bewusst persönlich arrangierte kleinere Zirkel verlagerten. Beispielgebend waren die Begegnungen bei der Schriftstellerin Helene von Nostitz in deren Villa in der Tiefurter Allee. Kessler blieb zumindest mit seinem anspruchsvollen Verlag, der Cranach-Presse, noch über Jahre hinaus in Weimar.

Und van de Velde? Nach seinen Plänen entstand bis 1911 der Neubau der Kunstschule, der nunmehrigen Hochschule für bildende Kunst, sowie ein Gebäude für die kunstgewerbliche Schule, in das sein eigenes Kunstgewerbliches Seminar einzog. Er schwärmte enthusiastisch: »*Die revolutionäre künstlerische Bewegung hatte gleichsam in aller Stille ihre feierliche Investitur erhalten.*« Man lobte seine Leistungen. Besonders die regionalen Handwerker profitierten von der praktischen Umsetzung der Ideen des Architekten.

Doch weder er noch das Ehepaar Dumond-Lindemann konnten sich mit ihren Plänen zur Erneuerung auch des Theaters in der Klassikerstadt nach Inhalt und Gestalt durchsetzen. Am Vorabend des Ersten Weltkriegs waren Juden und Ausländer als Protagonisten des Weimarer Mythos in der dominierenden Hofgesellschaft unerwünscht. Sie resignierten und verließen die Stadt. Doch ihre Spuren konnte niemand tilgen: Das Gebäude der Bauhaus-Universität, das Haus Hohe Pappeln oder die Villen Dürkheim und Henneberg dokumentieren den Jugendstil van de Veldes an der Ilm. Zudem griffen Weimarer Architekten seine Anregungen auf: Rudolf Zapfe z. B. errichtete in der Stadt eine ganze Reihe von Jugendstil-Bauten.

Bis zum Ersten Weltkrieg entstanden zahlreiche neobarocke und neoklassizistische Gebäude von repräsentativer Würde, wie die Bankgebäude am Frauentor oder in der Schillerstraße – vom Südflügel des Residenzschlosses nicht zu sprechen, der die ganze Schlossanlage quasi von der Stadt und dem Ilmpark abriegelte.

Epochenwandel – der schwierige Gang durch die Weimarer Republik

Jetzt muß der Geist von Weimar, der Geist
der großen Philosophen und Dichter,
wieder unser Leben erfüllen. Wir müssen die großen
Gesellschaftsprobleme in dem Geiste behandeln,
in dem Goethe sie im zweiten Teil des Faust und in
Wilhelm Meisters Wanderjahren erfaßt hat:
Nicht ins Unendliche schweifen und sich nicht
im Theoretischen verlieren. Nicht zaudern und schwanken,
sondern mit klarem Blick und fester Hand
ins feste Leben hineingreifen!
FRIEDRICH EBERT

Ende der Fürstenherrschaft – kein Ende der klassischen Traditionen

Es war nicht zu erwarten, dass sich Weimar während des Ersten Weltkriegs trotz der mehr als 1000 Kriegstoten und der materiellen Not von den Grundsätzen der Ernestiner spontan und wirklich lösen würde. Die Bürger teilten mit dem Reich den ersten Kriegsjubel und das wachsende Unbehagen nach den Niederlagen. Noch im Oktober 1918 reagierte die »Weimarische Zeitung« auf vage Reformansätze der Reichsobrigkeit skeptisch: »Die neueste innenpolitische Entwicklung erfüllt alle monarchischen Herzen mit ernster Sorge. Fest und sicher ruhte bisher das Deutsche Reich auf der Dreiteilung der Gewalten zwischen Kaiser, Bundesfürsten und Reichstag. Fällt durch die beabsichtigte Parlamentarisierung ein Großteil der Kaisermacht dem Reichstag zu, so muß dessen Übergewalt die Fürstengewalt zermalmen.«

Doch das Ende der Monarchie war tatsächlich nahe. Der monarchische Mythos bewahrte die Stadt nicht vor politischen und sozialen Umbrüchen. Im November kam es zu Demonstrationen von Arbeitern und Soldaten. Deren Räte forderten die

Abdankung des Großherzogs, das Ende des Kriegs und die Republik. Wilhelm Ernst erklärte: »*Dem mir von der Vertretung der Soldaten und Arbeiter in Weimar aufs ausdrücklichste ausgesprochenen Wunsche, für mich und meine Familie auf den Thron zu verzichten, um dem drohenden Bürgerkriege vorzubeugen, leiste ich Folge und erkläre hiermit, daß ich für mich und meine Familie für alle Zeiten auf den Thron und die Thronfolge im bisherigen Großherzogtum Sachsen-Weimar-Eisenach verzichte.*« Das politische Gefüge Weimars wirbelte im Sog des Sturzes dreier Kaiserreiche. Seine Bildungsbürger hingegen genossen im Hoftheater Schillers »Maria Stuart«. Sie schreckten erst auf, als das Parkett die Vorstellung mit Tumulten platzen ließ.

Die Verwaltungen arbeiteten wie gewohnt weiter. Erklärungen zur Vereinigung der thüringischen Staaten in einer Republik blieben halbherzig. Bei den Wahlen zur Nationalversammlung wählte man bürgerlich-konservativ. Vorerst machte sich kaum ein berufener Politiker darüber Gedanken, wie der »Mythos Weimar« in die von Berlin aus proklamierte neue deutsche Republik unter dem Namen »Deutsches Reich« getragen werden sollte. Das großherzogliche Hofmarschallamt genoss unverdrossen seine Autorität.

Eine sichtbare Erregung kam mit der Berliner Nationalversammlung in die Stadt: So hatte sich Weimar seine neue nationale Mission allerdings nicht vorgestellt!

Die Nationalversammlung und das republikanische Weimar

In der Novemberrevolution bestimmten massive politische Sicherheitsbedenken den Beschluss, die neue Nationalversammlung zumindest zeitweilig in die abgeschiedene Weimarer Provinz zu verlagern. Geradezu idyllisch klang die Begründung der regierenden Volksbeauftragten: »*Das Theater ist ein sehr moderner, freistehender Bau, das Parkett steigt terrassenförmig an und würde eine vorzügliche Verbindung zwischen Regierung und Parlament gestatten. Der erste Rang käme für die Abgeordneten, der zweite für die Presse in Frage; der dritte Rang ist vollständig isoliert im Aufgang und könnte für das Publikum frei sein. Das Theater hat ein sehr schönes, helles Foyer; außerdem sind mindestens zwanzig bis dreißig, ja wohl sogar an vierzig kleine Räume für Bürozwecke*

Friedrich Ebert spricht 1919 in der Weimarer Nationalversammlung. –
Zeitgenössische Pressekarikatur.

vorhanden. Die Jahresmiete beträgt 800.000 M; unter Hinzurechnung für Feuerung würde sich die Miete auf 1 Million Mark erhöhen, falls das Theater für ein ganzes Jahr mit Beschlag belegt werden müßte. Über die Unterkunftsräume sprach sich der Herr Oberhofmarschall [...] dahin aus, daß das Schloß zweifellos wohl mindestens ein Dutzend eingerichtete Appartements hat, so daß die Räume für *Wohn-* und *Schlafräume der Volksbeauftragten* hergerichtet werden könnten [...]«

In vorauseilendem Gehorsam und im Rausch der historischen Stunde wurde das Hoftheater im Januar 1919 artig in »Deutsches Nationaltheater« umbenannt. Doch aus Gründen der Machterhaltung durfte man das in Berlin nicht so laut betonen. Darum lieferte der SPD-Politiker Philipp Scheidemann das wohlklingende Argument: »Weimar ist ein sehr guter Ausweg, die Stadt Goethes ist ein gutes Symbol für die junge deutsche Republik.« Weimars Stadtobere reagierten schwankend. Sie konnten sich der neuen Macht nicht verschließen, fürchteten jedoch durch die Belegung des Nationaltheaters finanzielle Einbußen und fühlten sich gleichzeitig irgendwie geehrt. Eine lokale Zeitung kommentierte: »Der jetzige Beschluß stellt für *Weimar* etwas dar, was wohl einzig in seiner Geschichte sein dürfte, nämlich daß unsere Stadt Vorort für die Versammlung des deutschen Volkes bei der Neugestaltung seiner Geschichte sein wird. Jahrhundertelang wird in *Weimars* Geschichte dieser historische Akt fortleben und seine Bedeutung behalten. [...] Nachdem die deutsche Machtidee, die durch Potsdam verkörpert wurde, durch die Wahl zu Staub zerfallen ist, soll Weimar das deutsche Verfassungs- und Geistesleben beherrschen, der deutsche Gedanke gegenüber der deutschen Machtidee also in Zukunft in den Vordergrund gestellt werden.« Man machte ganz einfach aus der kaum begriffenen Not eine politische Tugend!

Aber die Requirierung der berühmten Dichterräume und der großherzoglichen Wohnzimmer im Schloss für republikanische Politiker wurde dann doch als böser Eingriff in die gepflegten Traditionen empfunden. Dass die Stadt in eine Festung verwandelt wurde, erregte mehr Unmut als Gunst für das republikanische Deutschland: »Weimar ist von der ganzen anderen Welt abgeschlossen [...]. Der Bahnhof ist mit Militär besetzt, in die Stadt darf niemand, der nicht einen besonderen Ausweis hat, und wenn wir hier auf den Theaterplatz kommen, starren uns von den Balkons der umliegenden Häuser die Schlünde der Maschinengewehre entgegen.« Dennoch: Die Stadt erwies sich als aufgeschlossene Gastgeberin und knüpfte sogar an das Schillersche Pathos an: »Die deutsche Volksseele schwebt in diesen Tagen über Ilm-Athen.« Die Einwohner erlebten gar mit verhaltenem Stolz, wie ihr klassisches Erbe von den regierenden Sozialdemokraten und der Nationalversammlung instrumentalisiert und damit für die politischen Parteienkämpfe der jungen Republik freigegeben wurde.

Der Vorsitzende des Rats der Volksbeauftragten Friedrich Ebert erklärte am 6. Februar 1919 im Nationaltheater zur Eröffnung der Beratungen: »Es charakterisiert durchaus die nur auf äußeren Glanz gestellte Zeit der Wilhelminischen Ära das Lassallesche Wort, daß die klassischen deutschen Denker und Dichter nur im Kranichzug über sie hinweggeflogen seien. Jetzt muß der Geist von Weimar, der Geist der großen Philosophen und Dichter, wieder unser Leben erfüllen. (Zuruf bei den Unabhängigen Sozialdemokraten – Bravo bei der Deutschen Demokratischen Partei) Wir müssen die großen Gesellschaftsprobleme in dem Geiste behandeln, in dem Goethe sie im zweiten Teil des Faust und in Wilhelm Meisters Wanderjahren erfaßt hat: Nicht ins Unendliche schweifen und sich nicht im Theoretischen verlieren. Nicht zaudern und schwanken, sondern mit klarem Blick und fester Hand ins feste Leben hineingreifen!«

Der »Geist von Weimar« und dessen »nationale Traditionen« sollten als Sinnbild des ersten demokratischen Staates auf deutschem

Boden dienen. Diese Idee löste kein einziges reales soziales oder politisches Problem. Sie wurde vielmehr selbst zum Gegenstand von Rivalitäten im Kampf um die politische Macht im Lande. Die Gesetze für den Übergang von der Monarchie zur Republik und die erbitterten Kontroversen um den Abschluss eines Friedensvertrags mit den Alliierten in Versailles oder über die Kriegsschuldfrage konnten mit dem ehrenvollen Wort Goethes oder Schillers keine rationale Gestalt annehmen.

Es bleibt als historisches Verdienst die Verabschiedung der Reichsverfassung im Juli 1919. Erstmals ging in der deutschen Geschichte alle Staatsgewalt vom Volke aus. Der umfangreiche Katalog an demokratischen Grundrechten besaß seine historischen Wurzeln auch in den reformerischen Bemühungen des Weimarer Großherzogs Carl August. Der so oft beschworene »Geist von Weimar« als ideelle und politische Begründung für die »Weimarer Verfassung« und für die »Weimarer Republik« sollte sich als zwiespältig erweisen. Der ursprüngliche »Geist« versank in geradezu bösartig zugespitzter politischer Beliebigkeit und taugte nur noch als Kampfmittel gegeneinander streitender Parteien. Was zählte da noch das Wort zur Vernunft mahnender Dichter und Künstler des 20. Jahrhunderts?

Wie hart der »Geist von Weimar« belastet wurde, erfuhr die Stadt bereits im März 1920, als mit dem Kapp-Putsch der erste Versuch unternommen wurde, die Republik zu stürzen. In Weimar wurden bei Straßenkämpfen neun Demonstranten erschossen. Und das in der künftigen Hauptstadt des Freistaates Thüringen, die alle Anstrengungen unternahm, sich machtpolitisch zu profilieren: Die Bevölkerung wuchs, Industrien siedelten sich an. Doch das Denken der Menschen blieb mehrheitlich in der konservativen Tradition verhaftet und reflektierte auf seine Weise die Arbeiteraufstände an der Ruhr, in Sachsen, Hamburg oder Thüringen; meuternde Reichswehr; Inflation; Ausnahmezustand …

Sozialdemokraten und Kommunisten lieferten sich erbitterte Schlachten, von denen die radikale Rechte profitierte. Unter diesen Bedingungen tendierten selbst die Weimarer Bildungsbürger zur diffusen Kategorie der Protestwähler: Bei den Landtagswahlen im Februar 1924 erlangte die »Vereinigte Völkische

Liste« fast 17 % der Wählerstimmen. Zum ersten Mal zogen nationalsozialistische Abgeordnete in einen deutschen Landtag ein. Seit 1924 gehörte Weimar zu den Zentren, von denen aus die Nationalsozialisten ihren Kampf um die Eroberung der politischen Macht in der Republik führten.

Konkrete und dem Zeitgeist Rechnung tragende Reizpunkte für die neue Aufmerksamkeit der deutschen Öffentlichkeit gegenüber dem »Geist von Weimar« waren mithin die Wirkung der Nationalversammlung und der Sturmlauf der Nationalsozialisten – aber auch die phänomenale Sensation des »Bauhauses«.

Das Bauhaus: Moderne Visionen nicht erwünscht

Weimars Bürger sahen es mit Staunen: Besucher waren schon immer zahlreich in die Klassiker-Stadt gekommen. Doch mit der Nationalversammlung erlebte sie nun einen nicht gekannten Touristen-Boom. Die Stadt reagierte und fügte bis 1923 die Großherzoglichen Kunstschätze in die Staatlichen Kunstsammlungen ein. Im Schloss, Belvedere und im Landesmuseum waren die großen Meister der Kunstgeschichte zu bewundern. Kunstsammlungsdirektor Wilhelm Köhler unternahm große Anstrengungen, v. a. angeregt durch das Wirken Kesslers, van de Veldes und der Bauhäusler, den Sammlungen Werke der besten modernen Künstler wie Paul Klee, Lyonel Feininger oder Wassily Kandinsky hinzuzufügen.

Er stieß jedoch auf eine feindselige Ablehnung der Bildungsbürger und der bürgerlichen Presse. Der »rasende Reporter« Egon Erwin Kisch schrieb 1926 mit dem Blick auf die vorausgegangenen Jahre voll unverhohlener Ironie: »*Es ist für unsereinen recht schön, daß es so etwas gibt wie Weimar: eine ganze Stadt als Reliquie, ein Bezirk als Wallfahrtsziel, weil hier einmal Dichterleben war. [...] Ganz Weimar ist eine zur Stadt erhobene Dichterbiographie. Wer nicht zumindest einige Werke über das Leben Goethes studiert hat, kann sich in der Stadt verirren. Fragt man den Einheimischen, wie man ins Hotel kommt, so antwortet er, man müsse am Wohnhaus der Frau von Stein vorüber, bei der Bank, bei der Christiane Vulpius ihrem nachmaligen Gatten als fremdes*

WALTER GROPIUS ÜBER DIE ARBEIT DES BAUHAUSES
»Das Staatliche Bauhaus führte die Entwicklung, die in den letzten Jahrzehnten durch die Gründung der Kunstgewerbeschulen begonnen war, weiter. [...] Die Berücksichtigung und Anwendung der Erfahrungen aus der Organisation der bisherigen Akademien und Kunstgewerbeschulen führte bei dem Versuch, ihre in Praxis beobachteten pädagogischen und allgemeinen Schwächen zu vermeiden und ebenso ihre positiven Seiten zu entwickeln, zu der besonderen Art der Organisation des Staatlichen Bauhauses als eines neuartigen Institutes [...] Diese entwicklungsmäßig wohl begründete und nicht starr prinzipiell gewollte Neuartigkeit wurde leider von Beginn an zur Ursache vieler Missverständnisse seitens der öffentlichen Meinung, wenn sie auch andererseits viel Hoffnung, Bestätigung und Vertrauen erweckte.
[...] Leider wird gerade aus Weimar und Thüringen von unverantwortlicher und unorientierter Seite genug getan, um die guten, besonders in geschäftlicher Hinsicht wichtigen Beziehungen mit der Industrie und der breiten Öffentlichkeit zu stören. [...] Es ist nicht mehr möglich, die wertvollen Kräfte, die in der Hoffnung auf endliche Auswirkung ihrer Leistungen jahrelange Opfer gebracht haben, mit den bisherigen Arbeits- und Existenzbedingungen länger zu vertrösten. [...] Die Weiterführung der Arbeit des Bauhauses, das in der Zeit seines Aufbaues einen geistigen Weltruf errungen hat, hängt von der Einsicht des Thüringischen Landtages und der Thüringischen Regierung ab. Wir bitten alle geistig Interessierten, unser Werk zu stützen.«
(Walter Gropius: Die bisherige und zukünftige Arbeit des Staatlichen Bauhauses Weimar – Auszug, 1924)

Mädchen mit einer Bittschrift entgegentrat, nach links biegen, dann geradeaus, über die Jahre 1779 und 1784 gehen, entlang der Prosafassung der ›Iphigenie auf Tauris‹, den zweiten Teil des ›Faust‹ rechts und ›Wilhelm Meisters Wanderjahre‹ links lassend, und schon sei man da, beim Absteigequartier Zelters. Bleibt man im Park einen Augenblick stehen, um endlich Luft zu atmen, gleich läuft der Parkwächter heran, man erschrickt, glaubt etwas angestellt zu haben, nein, er will nur rasch mitteilen, daß in jenem Gebüsch, von niemandem belauscht, Bettina von Arnim dem fünfzigjährigen Goethe einen Heiratsantrag gemacht hat [...].«

Meister des Weimarer Bauhauses auf dem Dach ihrer Wirkungsstätte, von links: Josef Albers, Hinnerk Scheper, Georg Muche, László Moholy-Nagy, Herbert Bayer, Joost Schmidt, Walter Gropius, Marcel Breuer, Wassily Kandinsky, Paul Klee, Lyonel Feininger, Gunta Stölzl und Oskar Schlemmer.

Ernsthaft betrachtet: Weimars traditionelle Hofgesellschaft war hochgradig verunsichert und völkische Demagogen nutzten das weidlich aus. Das bekamen besonders die Bauhäusler zu spüren.

Dass im August 1924 die nationalsozialistische »Freiheitsbewegung« ihren ersten Reichsparteitag in Weimar durchführte und die Stadt zu ihrem eigenen Symbol deutscher Kultur erklärte, war auch darauf zurückzuführen, dass es dort Personen wie den Literaturhistoriker und Schriftsteller Adolf Bartels gab. Mit Schriften wie »Deutsch sein ist alles!« (1918) oder »Warum ich die Juden bekämpfe« (1919) sammelte er in Weimar Feinde der Republik und lieferte die Stadt quasi ideologisch den Nationalsozialisten aus.

Das Theater wurde in die Auseinandersetzungen einbezogen. Seit Januar 1919 leitete Ernst Hardt als Nachfolger Carl von Schirachs das Haus. Er war es, der das »Deutsche Nationaltheater« ausrief und mit hochfliegenden Plänen eine Bühne der angestrebten demokratischen Nation installieren wollte. Es galt schon als ein Sakrileg, dass ein einfacher Intendant Hand an das geheiligte Hoftheater legte. Die Parteigänger Bartels' waren nicht gewillt, das Theater Menschen zu überlassen, die sie als Juden und Bolschewisten verunglimpften.

Wie Wilhelm Köhler in den Museen, versuchte Hardt dem kulturellen Leben durch eine Kombination von Klassik und Moderne neue Impulse zu verleihen. Fünf Jahre hielt er durch, allen Widerständen zum Trotz, Querschüssen, die bereits 1921 anlässlich der Aufführung der Komödie »Der Reigen« von Arthur Schnitzler kulminierten. Die vereinte völkische Rechte schoss mit allen Mitteln gegen die »*Pornografie*« des »*Juden Schnitzler*« und diffamierte Hardt auf jede nur denkbare Weise. Doch das Stück wurde nicht abgesetzt!

Das Weimarer Bauhaus! Seine Geschichte ist auch ein Jahrhundert später das extremste Exempel für die Auseinandersetzungen in der Weimarer Gesellschaft, dem klassischen Erbe unter republikanischen Bedingungen einen Platz in der modernen Kunstentwicklung einzuräumen. Henry van de Velde hatte 1914 u. a. den Berliner Architekten Walter Gropius als neuen Leiter der Kunstgewerbeschule vorgeschlagen. Aber die Schule wurde 1915 geschlossen. Der Direktor der Kunsthochschule, Fritz Mackensen, wollte daraufhin eine Architekturklasse einrichten und schlug wiederum Gropius als deren Leiter vor. Der erarbeitete sogar ein Konzept: Kunst und Handwerk sollten im modernen, industriellen Design Hand in Hand gehen. Weimars Oberhofmarschall winkte jedoch ab: Das Volk brauche solide Möbel, Töpfe oder Tuche und keine avantgardistisch verspielten künstlerischen Flausen!

Nach der Revolution berief die sozialdemokratische Regierung Gropius 1919 zum Leiter des Kunstschulprojekts: Das »Staatliche Bauhaus« vereinte die ehemalige Hochschule für bildende Kunst und die Kunstgewerbeschule. Gropius glaubte ernsthaft, die frische und stürmische Berliner Luft könne auch in der Weimarer Provinz den »Bau der Zukunft« umwehen, den Künstler aller Richtungen errichten sollten – das ästhetische Symbol einer sozial gerechten Welt, die bis in den Alltag jedes einzelnen Menschen eindrang. Kunst als volkspädagogisches Bildungsprogramm!

Gropius sah nicht voraus, dass er seinen Idealismus zur falschen Zeit und am falschen Platz entfaltete. Es gab selbst am experimentierfreudigen Beginn der Republik in Weimar keinen ernsthaften Mäzen, der seine schützende und fördernde Hand über ein kühnes Projekt hielt, das mit Konventionen in Kunst, Bildung und Gesellschaft brechen wollte. Das Leben selbst sollte in seinen geistigen, ästhetischen und materiellen Äußerungen ein Kunstwerk sein, egal, ob Meister, Geselle oder Lehrling daran mitwirkten.

Goethe und Liszt hatten einst die besten Individualisten ihrer Professionen als Gäste nach Weimar gezogen. Gropius gelang das gleiche in der bildenden und angewandten Kunst. Sie kamen: der Maler und Grafiker Lyonel Feininger, der Bildhauer Gerhard Marcks oder der Maler und Kunstpädagoge Johannes Itten. Es kamen berühmte Künstler wie Paul Klee, Wassily Kandinsky, Oskar Schlemmer, Georg Muche oder László Moholy-Nagy. Alles, was sich im Leben irgendwie künstlerisch gestalten und herstellen ließ, wurde den Lehrlingen vermittelt. Das Leben selbst zwang die Bauhäusler, von der handwerklichen Individualität zur industriellen Massengestaltung überzugehen. Schlemmer schrieb 1922 in einem Brief: »*Abkehr von der Utopie. Wir können und dürfen nur das Realste, wollen die Realisation der Ideen erstreben. Statt Kathedralen die Wohnmaschine. Abkehr also von der Mittelalterlichkeit und vom mittelalterlichen Begriff des Handwerks, und zuletzt des Handwerks selbst, als nur Schulung und Zweck der Gestaltung.*«

Dieses Ziel markierte zugleich den Rubikon, den zu überschreiten für zahlreiche Künstler mit ihren persönlichen Ansichten von Inhalt und Form in der Kunst nicht möglich war. Zu den Widerständen aus der Weimarer Gesellschaft gegen das Bauhaus traten die Konflikte unter den Meistern und Künstlern selbst. Itten verließ das Bauhaus 1923 als erster der Protagonisten.

Das ganze Bauhaus in allen seinen Äußerungen erschien den konservativen Weimaranern seit 1919 suspekt und sie machten daraus keinen Hehl – wie sie einst die Lebensweise eines Franz Liszt in der Altenburg als Fremdkörper in der Stadt regelrecht bekämpft hatten. Jetzt ging es um mehr. Das »ehrbare« Weimar proklamierte in der Republik sein Traditionsverständnis: »*So wenig etwa das Goethe-Nationalmuseum oder das*

Goethe-Schiller-Archiv und ähnliche Kunst- und Kulturstätten ihres Wesens beraubt werden dürfen, wenn auch Weiterentwicklung innerhalb des Gegebenen erwünscht und möglich ist, ebensowenig durfte die Hochschule für bildende Kunst unter Mißachtung ihres bisherigen Wesens in ein sogenanntes ›Bauhaus‹ verwandelt werden. Statt sich etwa als Kunstgewerbler und Architekt in den Rahmen des Ganzen einzufügen, hat der neue Leiter von seinen besonderen Gesichtspunkten aus die ganze Kunsthochschule selbstherrlich umgestaltet und in einen Zustand des Experimentierens gebracht, der sich weder mit den geistigen Überlieferungen unserer Stadt noch mit unseren finanziellen Möglichkeiten verträgt.«

Die Bauhäusler widerstanden zunächst dem Druck. Sie hatten viel zu viel mit sich selbst und mit ernster Arbeit zu tun und veranstalteten 1923 ihre erste große öffentliche Ausstellung. Sie wurde ein Riesenerfolg, zog zahllose Besucher aus dem In- und Ausland an und ließ die Weimarer Traditionswächter ganz klein erscheinen. Schlemmer notierte 1923 wahrheitsgetreu im Tagebuch: »*Vier Jahre Bauhaus sind ein Stück Kunstgeschichte. Aber auch Zeitgeschichte, denn die ganze Zerrissenheit von Volk und Zeit spiegelt sich in ihm ab.*«

Tatsächlich ließ der Erfolg des Bauhauses den Zorn der Traditionalisten furios ansteigen. Das Ende kam schneller als befürchtet. Gropius erkannte die Mechanismen des Hasses. Er resignierte und schrieb 1924: »*Leider wird gerade aus Weimar und Thüringen von unverantwortlicher und unorientierter Seite genug getan, um die guten, besonders in geschäftlicher Hinsicht wichtigen Beziehungen mit der Industrie und der breiten Öffentlichkeit zu stören; denn obwohl sich das Bauhaus mit bewußter Disziplin jeglicher politischer Betätigung fernhielt, um ungestört seine kulturellen Aufgaben zu leben, wurde es von Unverantwortlichen mit verwerflichen Mitteln zum parteipolitischen Kampfobjekt herabgewürdigt. […] Es ist nicht mehr möglich, die wertvollen Kräfte, die in der Hoffnung auf endliche Auswirkung ihrer Leistungen jahrelang Opfer gebracht haben, mit den bisherigen Arbeits- und Existenzbedingungen zu vertrösten […].*«

Der Appell klang bereits rat- und hilflos: »*Wir bitten alle geistig Interessierten, unser Werk zu stützen.*« Doch der 1924 gewählte und mehrheitlich bürgerliche Thüringer Landtag kürzte die Mittel des Bauhauses um die Hälfte. Im folgenden Jahr wurde allen Meistern gekündigt. Protest regte sich im In- und Ausland, selbst in Weimar. Vergeblich. Am 31. März 1925 erklärten die

Musterbau des Weimarer Bauhauses: Haus am Horn.

Meister des Bauhauses ihre Institution in Weimar für aufgelöst – kurz und lakonisch: »*Es hat sich ausgeweimart, meine Herren, wir gehen jetzt dessauern!*«

Historisch gesehen bleibt die Tatsache der kurzzeitigen Existenz des Bauhauses. Wenn Weimar auch nicht reif war für diesen Neuansatz moderner Kunst, wenn Weimar die Multivalenz des kühnen Experiments auch nicht dulden wollte – das Bauhaus war eine Option auf die Zukunft. Das Bauhaus scheiterte bis 1925 nicht an Weimar – Weimar versagte am Bauhaus und ließ es lieber fahren, als einen Kompromiss für die Zukunft der Stadt zu suchen.

Nach dem Ende des Bauhauses gab es in Weimar vorübergehend wieder zwei Kunsthochschulen, bis 1930 erneut ein Zusammenschluss erfolgte, dem Paul Schultze-Naumburg eine durch und durch nationalsozialistische Orientierung gab.

Doch die Weimarer behielten zumindest zwei deutlich sichtbare Schöpfungen des Bauhauses vor Augen: das von Walter Gropius 1921 entworfene Denkmal für die während des Kapp-Putsches Gefallenen, den »Blitzstrahl aus dem Grabesboden als Wahrzeichen des lebenden Geistes«, und das »Haus am Horn« – den ersten Musterbau des Bauhauses aus dem Jahre 1923.

Auch am Nationaltheater gab es ein nachhallendes Echo, das zugleich aufzeigte, wohin die politische Reise gehen sollte. Das »Triadische Ballett« des Bauhausmeisters Oskar Schlemmer mit seiner expressiven Synthese von bildender und darstellender Kunst in der »neuen Theatersprache« rief 1923 Beifallsstürme hervor. Intendant Hardt musste jedoch ebenfalls dem Druck der Bauhaus-Gegner weichen und demissionierte. Sein Nachfolger, der Germanist Franz Ulbrich, sah sich 1926 mit einem Aufruf konfrontiert, dafür zu sorgen, dass es in Thüringen nur noch ein »judenfreies Theater« gibt. Ulbrich setzte den von Jahr zu Jahr wachsenden völkischen Angriffen nur wenig Widerstand entgegen. 1932 ließ er die Aufführung von Mussolinis Napoleon-Drama »Hundert Tage« zu. Hitler erschien zur Premiere und Ulbrich musste nach dieser Verbeugung vor dem späteren »Führer« obendrein noch den Hohn der nationalsozialistischen Presse über sich ergehen lassen: *Die Aufführung [...] bedeutet in der schwachen Bilanz des Deutschen Nationaltheaters einen Aktivposten, den die Intendanz bitter nötig hatte.*

Zugleich lebte Weimar unter dem Zwang des eigenen Traditionsverständnisses. Im Frühjahr 1932 stand der 100. Todestag Goethes ins Haus, und dem konnte man ausschließlich mit Hymnen an Mussolini und Hitler nicht gerecht werden.

Eine nationalsozialistische Heimstatt Adolf Hitlers

Ganz eigenartig berührte die Vermischung von Hitlerismus und Goethe. Weimar ist ja eine Zentrale des Hitlertums. Überall konnte man das Bild von Hitler usw. in nationalsozialistischen Zeitungen ausgestellt sehen. Der Typus des jungen Menschen, der unbestimmt entschlossen durch die Stadt schritt und sich mit dem römischen Gruß begrüßte, beherrscht die Stadt ...
THOMAS MANN

Weimar im politischen Kalkül der NSDAP

Der Rauswurf der Bauhäusler war ein deutliches Zeichen für das aggressive Wirken der »Vereinigten Völkischen Liste«. Die war aber kein Ersatz für die zeitweilig verbotene NSDAP, die in Weimar nach 1924 politisches Terrain gewann wie in wenigen vergleichbaren Städten Deutschlands. Die Tatsache, dass 1932 mit Fritz Sauckel einer der militantesten Funktionäre der NSDAP zum Ministerpräsidenten Thüringens gewählt wurde, bestätigte den rasanten Aufstieg dieser Partei in der Stadt Goethes und Schillers.

Sauckel zählte zu den ergebenen Parteigängern Adolf Hitlers. Er veranlasste, dass der spätere »Führer« am 22. März 1925 den Todestag Goethes durch seine persönliche Anwesenheit prägte. Im Schießhaus und im Gasthof »Erholung« sprach er in überfüllten Sälen über seine Vorstellungen zur Zukunft Deutschlands. Die nationalsozialistische Presse schrieb begeistert: »*Hitlers Auftreten in Thüringen ist von epochaler Bedeutung. Seine Weimarfahrt bedeutet einen gewaltigen Vorstoß.*«

Bis 1933 besuchte Hitler Weimar 24 Mal und überlegte sogar zeitweilig, den Parteisitz von München hierher zu verlegen. Bei seinen Besuchen sprach er stets vor einem begeisterten Publikum. Die Ortsgruppe der NSDAP stach durch besondere Mitgliederstärke hervor und 1926 führte Hitler seinen ersten

Reichsparteitag im Deutschen Nationaltheater durch. Die Bürger der Stadt, die ihm folgten, jubelten seiner Abrechnung mit dem System der Weimarer Republik zu.

1929 konnten Sauckel und Hitler erneut jubeln: Bei der Landtagswahl kam die Partei auf gut 11 % der Stimmen – in Weimar waren es sogar knapp 24 %. 1930 wurde mit Wilhelm Frick der erste Nationalsozialist in eine deutsche Landesregierung berufen. Der Sozialdemokrat August Frölich erklärte dazu im Landtag: »*Der heutige Tag wird durch die Wahl des Herrn Frick zu einem Tage der politischen und kulturellen Schande Thüringens. Dem ›eisernen Willen‹ der Nationalsozialisten, in Thüringen den nationalsozialistischen Grundgedanken durchzuführen, stellen wir den Grundgedanken gegenüber: Kampf den Putschisten bis zur Beseitigung der Schmach von Thüringen!*«

Diese Hoffnung war schon lange vertan. Welche Ziele Frick als verantwortlicher Bildungsminister in der Kulturstadt verfolgte, machte er sofort deutlich: »*Gilt es also auf der einen Seite die Verseuchung deutschen Volkstums durch fremdrassige Unkultur wo nötig mit polizeilichen Mitteln abzuwehren, so werden auf der anderen Seite die Behörden der inneren Verwaltung, soweit sie dazu nach ihrem Wirkungskreis in der Lage sind, unter der Leitung des Volksbildungsministeriums alles tun, um in positivem Sinn deutsche Kunst, deutsche Kultur und deutsches Volkstum zu erhalten, zu fördern und zu stärken. Die seit dem 1. April von Professor Schultze-Naumburg geleiteten Kunstlehranstalten (Hochschule für Baukunst, bildende Kunst und Handwerk) in Weimar sollen dafür richtunggebend und zu einem Mittelpunkt deutscher Kultur werden. Auch die Thüringischen Staatstheater, voran das Nationaltheater in Weimar, werden eingedenk ihrer großen Tradition Pflegestätten deutschen Geistes sein und damit vorbildlich wirken.*«

Fünf Jahre nach der Vertreibung des Bauhauses verordnete der aus Bayern importierte Minister Frick als Zensor diktatorisch den »Weimarer Bildersturm«. 70 Gemälde, Grafiken und Skulpturen der Moderne wurden aus den Räumen des Museums im Schloss entfernt, darunter Arbeiten von Ernst Barlach, Paul Klee und Otto Dix. Aus der Bildungs-Bürgerschaft kam kein Protest.

Das gesellschaftliche Leben orientierte sich sehr schnell an den Zielen der Nationalsozialisten. Man war es seit eh und je gewohnt, Loyalität gegenüber dem dominierenden Landesfürsten zu üben und das eigene Schicksal in feingeistigen Gesprächsrunden und literarischen Übungen im Schatten großer Dichter und Künstler zu beschreiben. Auch jetzt fanden sich genügend Schriftsteller und Dichter, die der heraufziehenden neuen Macht huldigten. Sie vermissten das kleinbürgerlich verklärte Alt-Weimar. Die Republik lehnten sie ab oder waren selbst völkisch orientierte Nationalisten und Antisemiten, die sich darauf berufen konnten, dass ihre Heimstatt im Kaiserreich als höchste Blüte deutscher nationaler Kultur hymnisch gefeiert worden war.

Die kritischen Mahner kamen wieder einmal von außen. Der kaum mehr geduldete Harry Graf Kessler protestierte 1930 gemeinsam mit Kurt Weill, Alfred Döblin, Erwin Piscator oder auch Oskar Schlemmer: »*Eine deutsche Angelegenheit ersten Ranges aber ist es, wenn der Geist, der in Weimar aufgrund einer engstirnigen und krausen Ideologie die Museen leert und die ehemals blühende Kunstschule veröden lässt, sich über das ganze deutsche Kulturgebiet ausbreitet.*« Der intellektuelle Appell ging im politischen Getöse am Ende der Weimarer Republik unter.

1932: Goethes 100. Todestag dient dem Führerkult

Die neu errichtete Weimarhalle sollte den 100. Todestag Goethes würdig ehren – und huldigte Hitler. Am 15. März schwor er in dieser Halle die aus ganz Deutschland herbeigeeilten Parteifunktionäre auf die Wahl Hindenburgs zum Reichspräsidenten ein. Erst danach kam Goethe zu Wort. Aus der Sicht der heutigen Literaturkritik war die »Ehrung« eine einzige Katastrophe. Sie gilt als »*pseudoreligiöse Weiheveranstaltung mit an Blasphemie grenzender Geschmacklosigkeit*«: Goethe – der Gott des einheitlichen deutschen Reichs!

Natürlich gab es Goethe-Verehrer, die weiterhin nach einer humanistischen Würdigung des Dichters strebten. Doch Gauleiter Sauckel wiegelte die Kampfgenossen auf: »*Die Durchführung dieser Woche zum Todestag eines deutschen Geistesheroen bedeutet einen einzigen Skandal. Das große Wort führen bei dieser Gelegenheit die Pazifisten. Es sprechen u. a. zu den Hauptvorträgen Thomas Mann, Gerhart Hauptmann, Walter von Molo sowie noch andere Pazifisten, ja sogar ein Jude aus Paris und* einer aus der Tschechoslowakei. Die Namen Thomas Mann, Gerhart Hauptmann und Walter von Molo genügen, um klar zu erkennen, daß diese Veranstaltung eine Verhöhnung der nationalsozialistischen und nationalen Einwohnerschaft bedeutet. [...] Nationalsozialisten, wir werden daher in Weimar unsere eigenen Veranstaltungen durchführen. [...] Zur Goethe-Feierwoche muss ganz Weimar im nationalsozialistischen Fahnenschmuck prangen! Wir werden diesen Pazifisten schon die richtige Antwort erteilen!«

Noch fand die Stadt den Mut, zumindest zaghaft zu opponieren, und verbot jeglichen Fahnenschmuck an privaten Häusern und Wohnungen. Doch nachdenkliche und aufgeschreckte Gäste wie Thomas Mann blickten hinter die Kulissen. Dabei bezog er sich noch nicht einmal auf die Worte, die Julius Petersen, Präsident der Goethe-Gesellschaft, für die Eröffnung der Feierlichkeiten wählte: »*Heiliges Land und heilige Zeit! In der Weihewoche, die zu den Ostertagen hinstrebt und im Zielgedanken des Erlösergrabes die ganze Christenheit zusammenführt, sei es erlaubt, die Zeitrechnung umzustellen und die Marksteine der Jahrhunderte nicht nach Christi Geburt anzusetzen, sondern nach seinem [Goethes] Tod.*« Höher ging es nimmer: Goethe als Vater, Sohn und Heiliger Geist im spirituellen Sinne, als Erzieher zu Volkstum, Führerkult und Nation in der Volksgemeinschaft!

Da konnte Kurt Tucholsky in seiner Satire »Hitler und Goethe. Ein Schulaufsatz« nur noch fassungslos reagieren: »*Zwischen Hitler und Goethe bestehen aber auch ausgleichende Berührungspunkte. Beide haben in Weimar gewohnt, beide sind Schriftsteller und beide sind sehr um das deutsche Volk besorgt, um welches uns die anderen Völker so beneiden. Auch hatten beide einen gewissen Erfolg, wenn auch der Erfolg Hitlers viel größer ist. Wenn wir zur Macht gelangen, schaffen wir Goethe ab.*«

Der Weg dahin wurde beschritten. Bei den Landtags- und Reichstagswahlen am 31. Juli 1932 gaben 44 % der Weimarer der NSDAP ihre Stimme und der neue Ministerpräsident Sauckel triumphierte: »*Namen wie Herder, Fichte, Nietzsche, Goethe, Schiller, Bach, Wagner und Liszt und alle die Meister der bildenden Künste, die im vorigen Jahrhundert in Weimar ihre Wirkungsstätte hatten, legen [...] der Landesregierung größte Verpflichtungen auf. [...] Die Staatsregierung gibt hiermit ihrer Überzeugung Ausdruck, daß ihr höchstes Ziel [...] die Entfaltung und Gestaltung aller geistigen und seelischen Kräfte in Rasse und Volkstum sein muss.*«

ANSPRACHE ZUM 50-JÄHRIGEN BESTEHEN DER GOETHE-GESELLSCHAFT

»Wir kommen nicht um die Frage herum, wie Goethe selbst sich zu den gewaltigen Wandlungen, die in den letzten Jahren mit seinem Volk vorgegangen sind, gestellt hätte. Es ist eine Frage an Goethes vaterländisches Fühlen. Wie er im Frühjahr 1813 Lützowschen Jägern, die in den Freiheitskampf zogen, an der Elbe die Waffen segnete, so würde er auch den schwarzen Gesellen und den braunen Kameraden, die 120 Jahre später für die innere Befreiung Deutschlands sich zu opfern bereit waren, seinen Gruß nicht versagt haben. Wie er damals durch das Wunder der Volkserhebung bekehrt wurde und in der Befreiung Deutschlands kaum für möglich Gehaltenes und doch in Herzenstiefe Ersehntes erfüllt sah, so würde er auch heute ehrfürchtig staunen über das Erwachen der Volkskraft und über die Erreichung eines Zieles, das in seinem fernsten Hoffen lag [...] Wenn die Worte Adolf Hitlers, dem das Wunder gelang, im Mai dieses Jahres die Welt aufhorchen ließen, so lag in seinem an das deutsche Volk als Ganzes gerichteten Zuruf dieselbe Mahnung, mit der die Wahrheit als Goethes Muse sich an den Dichter wendet: ›Erkenne dich, leb mit der Welt in Frieden!‹«

(Julius Petersen, Präsident der Goethe-Gesellschaft bis 1938:
Auszug aus der Ansprache zur Feier des 50-jährigen Bestehens der Goethe-Gesellschaft am 27. August 1935)

Gleichzeitig besaß Architekt Schultze-Naumburg alle Ambitionen und Vollmachten, auch die letzten Erinnerungen an das Bauhaus aus der Kunsthochschule zu verbannen: »*Und wenn heute von Weimar aus Deutsche sich wiederum ihr Deutschtum erobern, so hofft auch die Weimarer Künstlerschule, an dieser Sendung teilnehmen zu können.*«

Der gleichen missionarischen Hingabe verschrieben sich auch die Intendanten Hans Severus Ziegler und Ernst Nobbe bei der Ausgestaltung des Nationaltheaters. Sie profitierten von der Machtübernahme Hitlers und der NSDAP am 30. Januar 1933. Unter dem Diktat des Gauleiters für den Schutz- und Trutzgau Thüringen durften sich nunmehr alle Bürger der Stadt in die Volksgemeinschaft eines »neuen Weimars« eingliedern, ob sie es wollten oder nicht: »*Ich befehle Ihnen nunmehr* die Intoleranz gegen alles andere! [...] *Alle Gegenströmungen sind als Schädlinge am deutschen Volke zu bekämpfen. [...] Das Recht zu dieser Intoleranz nehmen wir aus der Notwendigkeit des einheitlichen Denkens und Handelns der Gesamtnation, damit nach uns ein Geschlecht in Deutschland lebt, das sich nicht erschöpft in der Diskussion, sondern fähig ist zur Tat für Deutschland. [...] Es muss alles mit dem Stempel des Verräters gebrandmarkt werden, was dagegen arbeitet.*«

Zu den *Verrätern* gehörten alle Menschen, die sich dem Diktat aus ganz unterschiedlichen Gründen nicht beugten, und v. a. die Juden sowie jedwede als rassisch minderwertig bezeichneten Menschen. Der Jenaer Mediziner Karl Astel lobte die Einrichtung der Konzentrationslager, von denen das erste 1933 in Nohra bei Weimar eingerichtet wurde: »*Zehntausende von schlimmsten Ballastexistenzen werden auf diese Weise [...] unschädlich gemacht und in beträchtlichem Maße sogar nutzbringend verwendet.*« Er formulierte diese Ungeheuerlichkeit rückblickend erst 1938. Da gab es bereits das Konzentrationslager Buchenwald – die praktische Konsequenz aus der nationalsozialistischen Ideologie im »neuen Weimar«. In der »Kristallnacht« vom November 1938 musste man hier keine besonderen Gewalttaten gegen Juden mehr begehen. Das war alles schon vorher geschehen.

Immerhin: Es gab ihn noch, den unbekümmerten Volkswitz! 1932 kursierte trotz aller Monstrositäten das Wort: »Hast du Goethe schwitzen gesehen?« Fleischermeister Taudte hatte in das Schaufenster seiner Metzgerei auf der Jakobstraße eine Goethe-Büste aus Talg gestellt. Und immer wenn die Sonne über Weimar schien ...

Alltag im Nationalsozialismus

Fritz Sauckel scheute keine Anstrengung, seiner Hauptstadt das Image einer kulturellen Hochburg zu verleihen. Als 1934 die »Woche des deutschen Buches« eröffnet wurde, bediente auch Reichs-Propagandaminister Josef Goebbels exakt die historischen Befindlichkeiten der Weimarer: »*Es ist kein Zufall, [...] daß ich die ›Woche des deutschen Buches‹ nach Weimar verlegte, denn es gibt wohl in Deutschland keinen geistigen Menschen, der dieser Stadt nicht im Ideal* und in der geistigen Vorstellung aufs engste verbunden wäre. Ich erinnere mich noch genau jener glücklichen Stunde, in der ich zum erstenmal in diese Stadt kam, und seit jenem Tage bin ich wohl in jedem Jahr ein oder mehrere Male sehr gern und aus innerem Antrieb wieder nach Weimar gekommen.«

Effektvoll besuchte Goebbels die Fürstengruft und das Goethe-Nationalmuseum. Doch die Hoffnung, man könnte im Ausland den Eindruck erwecken, das »Dritte Reich« knüpfe an die nationalistische Klassik-Pflege unter Kaiser Wilhelm II. an, erfüllte sich nicht. Das neue deutsche Buch besaß die verordnete politische Aufgabe, die Literatur in die totale Abhängigkeit vom Nationalsozialismus zu führen. Goebbels wetterte: »*So ist uns Nationalsozialisten auch das Buch nicht mehr eine Gelegenheit zu weltfremder Bürgerbeschaulichkeit, zu Spintisiererei und genießerischer Passivität; es wird in den Händen des jungen Deutschland zu einer scharf geschliffenen Waffe im Kampf unseres Volkes um seinen Wiederaufbau und um seine größere Zukunft.*«

Zahlreiche Künstler emigrierten in der NS-Zeit aus Deutschland, zogen sich zurück oder wurden ausgegrenzt und physisch wie psychisch verfolgt. Entgegen humanistisch geprägten Mahnrufen fanden sich genügend Schriftsteller, Maler, Bildhauer oder Schauspieler, die dem Nationalsozialismus bereitwillig folgten – auch in dessen aggressivem Rassenwahn: aus Überzeugung, Karrierebewusstsein oder um der eigenen Existenz willen. Die Reichsschrifttumskammer konnte bei den Buchwochen eine von Jahr zu Jahr wachsende Verbindung der Literaten mit der deutschen Volksgemeinschaft konstatieren. Weimarer Schriftsteller spielten dabei keine unwesentliche Rolle.

Großdeutsche Dichtertreffen ergänzten die Buchwochen wirkungsvoll. Daran nahm auch ein Gerhart Hauptmann teil – aber auch ein Ernst Wiechert, dem Goebbels nach dessen Entlassung aus dem Konzentrationslager Buchenwald die »*physische Vernichtung*« androhte, wenn er das Treffen noch einmal als »*Versammlung betrunkener Schriftsteller*« bezeichnen sollte.

Die Buchwochen und Dichtertreffen verlangten, dass sich die ganze Stadt deren Zeremoniell unterordnete. Nur mit einer untertänigen Kulisse konnte Gauleiter Sauckel seine Machtambitionen im Reich unterstreichen.

Modell des von den Nationalsozialisten geplanten und nicht vollendeten Weimarer Gauforums.

Das Gauforum: Ein Phantom bestimmt die Stadtplanung

Der 1936 begonnene Bau eines gigantischen Gauforums barg von Beginn an die Endlichkeit des »Tausendjährigen Reichs« in sich. Hitler, der Architekt Albert Speer und Sauckel bestimmten im Juli 1935, den morbiden »Kulturfriedhof« Weimar in eine »*wirklich schöne Stadt*« zu verwandeln und den Grundstein für eine rassenreine Tradition zu legen, »*die sich würdig an die große Vergangenheit anreiht. [...] Diesem neuen aufblühenden Leben werden wuchtige Bauten in zeitgeborenem Stil sichtbaren Ausdruck verleihen*« – so der »Völkische Beobachter«, das Kampfblatt der NSDAP.

Der Architekt Hermann Giesler legte einen Entwurf vor, der auf einer Fläche von 350 x 250 m neben dem »Neuen Museum« einen Gebäudekomplex vorsah, der bewusst alle städtebaulichen Dimensionen und Traditionen Weimars sprengte. Konkrete Schritte für das künftige »Gauforum« wurden unter Anwesenheit höchster Naziführer und mit Massenaufmärschen zelebriert. Geradezu symbolhaft war die Grundsteinlegung für die »Halle der Volksgemeinschaft« durch den Stellvertreter Hitlers, Rudolf Heß, im Mai 1937: 40.000 Teilnehmer feierten die Umbenennung des Carl-August-Platzes in Adolf-Hitler-

Platz. Die Bevölkerung jubelte, während auf dem Ettersberg die Ankunft der ersten KZ-Häftlinge vorbereitet wurde.

Dem Megabau fielen der Park vor dem Landesmuseum und der nördliche Teil der Jakobsvorstadt mit 139 Häusern zum Opfer; 1.650 Menschen mussten umgesiedelt werden. Zaghafte Proteste verhallten im allgemeinen Dank an den »Führer«. Hitler, Sauckel und Giesler phantasierten bis zum Ende der Naziherrschaft unverdrossen, wie das »Gauforum« – von dem ja nur ein Teil fertig gestellt wurde – der Kern einer völligen Neuschöpfung Weimars werden könnte. Imperiale Verwaltungsbauten, Prachtstraßen oder künstlich inszenierte mittelalterliche Strukturen sollten den Geist und die Gestalt des lieben Alt-Weimar vergewaltigen.

Alles blieb Stückwerk: Das historische Hotel »Elefant« am Markt wurde abgerissen und als repräsentative »Wohnung des Führers« ausgestattet. In der Villa Silberblick durfte die Schwester Friedrich Nietzsches in höchster Gunst das philosophische Lebenswerk des toten Bruders in die Plattitüde vom »Übermenschen« und dem »Willen zur Macht« umdeuten. Paul Schultze-Naumburg legte als Leiter der Weimarer Kunsthochschule 1935, als Förster-Nietzsche starb, den Plan für eine nationale Weihestätte zu Ehren ihres Bruders vor.

Die Planungen der gesamten Bauvorhaben wurden bis zum Beginn des Zweiten Weltkriegs so weit vorangetrieben, dass Sauckel im August 1939 bei der Eröffnung der Ausstellung »Das alte und das neue Weimar« den gläubigen Volksgenossen erklären konnte: »*Ein besonderes Glück unserer Stadt bedeutet es, an die Straßen des Führers, an die Reichsautobahn, angeschlossen zu sein. Das ›Haus Elephant‹, das Kreis- und Ärztehaus, die Baulichkeiten hoher Kommandostellen der Wehrmacht und die Kasernen, ebenso die Erweiterung des Goethe-Hauses, die Nietzsche-Gedächtnis-Halle, Handwerkerschule, Großmarkthalle, Kühlhaus usw. beweisen ebenfalls, wie Weimar durch die Bewegung Adolf Hitlers geradezu aus einem Dornröschenschlaf zu neuem Leben erweckt wurde. Es ist wichtig und aber auch erhaben, zu wissen, daß inmitten all des Schaffens und Erlebens als schönstes Bauwerk in Weimar die ›Halle der Volksgemeinschaft‹ in des Wortes bester Bedeutung als ›Haus des Volkes‹ stehen wird.*«

Weimar wurde von den Nationalsozialisten mit der ausdrücklichen Berufung auf das klassische historische Erbe eben dieses Erbes beraubt. Die Seele und die Menschen der Stadt wurden für das »Tausendjährige Reich« geopfert. Die Stadt setzte dem demagogischen Pseudopathos keinen ernsthaften Widerstand entgegen.

Diese Willfährigkeit wog besonders schwer, weil die »Heimstatt des Führers« im Angesicht ihres klassischen Mythos objektiv mit der brutalsten Konsequenz des Nationalsozialismus erpresst wurde – mit dem Konzentrationslager Buchenwald.

Das Konzentrationslager Buchenwald

Sauckel und die Landesregierung bewarben sich in Berlin um die Errichtung eines Konzentrationslagers »Ettersberg«. Selbst der leise Protest aus Weimar, der Goethe-Nimbus könnte durch diesen Namen »beleidigt« werden, entsprach dem Sprachgebrauch des Nationalsozialismus. Der Begriff »Buchenwald« galt als unverfänglich. Er änderte nichts an dem dort herrschenden Regime: »Schlagen und Schikanieren waren im intensivsten Maße an der Tagesordnung, auf das Abknallen von Häftlingen bei sogenannten Fluchtversuchen standen Prämien in Form von Sonderurlaub, Geldzuteilung und rascher Beförderung. Infolgedessen befleißigte sich die SS-Wachmannschaft, ›Fluchtversuche‹ in folgender Weise zu provozieren: einem Häftlinge wurde die Mütze vom Kopfe gerissen, weil sie angeblich schmutzig war, und mit den Worten ›Hole dir deinen Speckdeckel und zeige ihn morgen sauber vor!‹ hinter die Posten, die um das Arbeitskommando standen, geworfen; wenn er ahnungslos hinlief, um die Mütze zu holen, schoß man ihn wegen ›Fluchtversuches‹ nieder.«

Der Appellplatz wurde zum Symbol für die Durchführung strengster Strafen: »mit drei Tagen strengem Arrest wird bestraft: 1. wer nach dem Weckruf nicht sofort die Schlafstätte verläßt oder das Bett oder die Stube nicht in Ordnung bringt. 2. wer beim Essenfassen ohne Erlaubnis seines Kompanieführers nachfaßt oder sich von einem Koch 2 Portionen geben läßt. [...] Wer während des Marsches oder der Arbeit johlt, schreit, hetzt oder Ansprachen hält, wird als Meuterer auf der Stelle erschossen oder nachträglich gehängt.« Die Willkür der SS-Bewacher kannte keine Grenzen – die »Herrenmenschen« zeigten ihre rassische Überlegenheit gegenüber den ihnen schutzlos ausgelieferten Häftlingen. Juden

Häftlinge im KZ-Buchenwald nach der Befreiung im April 1945.

wurden von den Wachmannschaften und auch von Teilen der Mithäftlinge besonders schlimm schikaniert.

Buchenwald war bis zum Ende für die zehntausende Häftlinge eine Hölle. Hier überlebte nur, wer genügend physische und psychische Kraft besaß, der mörderischen Willkür der SS-Wachmannschaften mit viel Glück und Geschick entgehen konnte, aber sich auch bedingungslos den auf Selbsterhaltung orientierten harten Disziplinierungen der »Funktionshäftlinge« in diesem Selbstverwaltungssystem unterwarf. Das betrifft insbesondere die Jahre des Zweiten Weltkriegs, in denen die politischen Häftlinge, v. a. die organisierten Kommunisten, entscheidende Aufgaben in der Lagerverwaltung übernahmen und in jedem konkreten Fall über Leben und Tod entscheiden mussten.

Auf dem Ettersberg und unten in der Stadt regierte der nationalsozialistische Ungeist in seinen verschiedenen Varianten. Die Häftlinge auf dem Berg sangen:

»O Buchenwald, ich kann dich nicht vergessen,
weil du mein Schicksal bist.
Wer dich verließ, der kann es erst ermessen.
wie wundervoll die Freiheit ist!
O Buchenwald, wir jammern nicht und klagen,
und was auch unser Schicksal sei,
wir wollen ja zum Leben sagen,
denn einmal kommt der Tag: dann sind wir frei!«

In der Stadt marschierten die Bürger noch immer mit dem »Horst-Wessel-Lied« auf den Lippen. Bis die Bomben fielen – bis zum bitteren Ende ihrer Begeisterung für den Nationalsozialismus. Am 11. April 1945 standen die amerikanischen Befreier vor Weimar und Buchenwald. Die SS-Wachmannschaften ergriffen die Flucht, das Internationale Lagerkomitee übernahm die Kontrolle. Die ersehnte Stunde der Freiheit hatte geschlagen: Am 13. April 1945 besetzten und befreiten die Amerikaner das Lager.

Ehrenmal für die Opfer des KZ-Buchenwald. – Skulpturengruppe von Fritz Cremer.

Zunächst waren ganz elementare Fragen zu beantworten: wie die Überlebenden gerettet werden konnten, wie Weimar nach dem Ende des Krieges weiterleben sollte. Bereits in jenen Tagen lag der Schatten der Vergangenheit schwer über dem Land: Wie sollte die »Heimstatt des Führers« unter Berufung auf ihre klassische Geschichte mit der schweren Last Buchenwalds und des eigenen Verhaltens fertig werden? Wie sollten nach alldem, was geschehen war, die Menschen so gegensätzlicher Positionen jemals zueinander finden? Alles hing davon ab, ob es gelang, eine politisch-moralische Ordnung aufzubauen, die es erlaubte, das nun überall artikulierte »Niemals wieder« praktische Realität werden zu lassen.

Würden es die Sieger Weimar gestatten, an den nationalen und humanistischen Geist der Klassik anzuknüpfen, oder drohte das Schicksal einer neuerlichen Instrumentalisierung wie im Kaiserreich, in der Weimarer Republik und besonders im Nationalsozialismus?

Historisches Zwischenspiel: Im Schaukasten der proletarischen Diktatur

*… hier in Weimar haben wir 1945 mit unserer
Kulturpolitik begonnen, von hier hat sie
ihren Ausgang genommen …*
WALTER ULBRICHT

Bittere Realität: Der geschändete Ettersberg

Am 12. April 1945 marschierten Soldaten der amerikanischen Streitkräfte ein und nahmen die Stadt kampflos in Besitz. Sie standen unter dem Kommando General George S. Pattons, einer schillernden Persönlichkeit, scheinbar aus der Welt der Renaissance herausgefallen, der sich gerne auf die antike Kultur und Kriegsführung berief. Was er, der Homer ebenso kannte wie Shakespeare und Goethe, in Buchenwald sah, entsetzte ihn.

Die Innenstadt war an einigen markanten Punkten, wie dem Marktplatz oder der Herderkirche, dem Bombenkrieg zum Opfer gefallen. Fast 3.000 Weimarer starben an den Kriegsfronten und in der Heimatstadt. Aber die Stadt lebte und General Patton verlangte, dass sie sich dem Grauen stellte. Am 16. April mussten 1.500 Bürger auf seinen Befehl das Lager Buchenwald mit eigenen Augen ansehen. Von den insgesamt fast 239.000 Häftlingen waren etwa 43.000 ermordet worden oder gestorben. Im Lager befanden sich bei der Befreiung noch ca. 20.000 ausgemergelte, verwirrte und zugleich erlöste Menschen. Ihr Anblick war eine einzige Anklage.

Der ungarische Häftling Imre Kertész beschrieb die Szene: *»Vom Hügel her nähert sich eine Gesellschaft von Damen und Herren. Röcke flattern im Wind. Feierliche Damenhüte, dunkle Anzüge. Hinter der Gesellschaft einige amerikanische Uniformen. Sie erreichen das Massengrab, verstummen, stellen sich langsam um das Grab herum auf. Die Herrenhüte werden einer nach dem anderen abgesetzt. Taschentücher werden hervorgeholt. Ein, zwei*

Minuten stummer Bewegungslosigkeit. Dann kommt wieder Leben in das erstarrte Gruppenbild. Die Köpfe wenden sich den amerikanischen Offizieren zu. Arme heben sich und breiten sich in Schulterhöhe aus, fallen wieder auf die Oberschenkel zurück, erheben sich erneut empor. Die Köpfe werden verneinend geschüttelt. [...] Sie wußten gar nichts. Niemand wußte irgendetwas.«

Eine damals 18-jährige Weimarerin erinnerte sich noch ein halbes Jahrhundert später an den Tag: »Dann kamen wir als erstes in den Buchenwald-Hof, wo uns die Berge von Zähnen, Haaren und die Schuhe, Briefraschen und alles gezeigt wurde. Für mich war das überhaupt nicht zu fassen. Es war ein entsetzlicher Geruch dort. Wir wurden in die Judenbaracken geführt [...], darin waren drei Pritschen übereinander und da saßen noch die alten Männer, oder sie sahen nur alt aus und waren gar nicht alt. Die hatten praktisch keine Augenfarbe mehr, die Füße voller Krätze, die Oberschenkel dünn wie mein Unterarm. Die waren alle dem Tod geweiht.«

Mit der persönlichen Konfrontation begann in der Stadt die nie endende Debatte über Schuld und Sühne: Wie war es möglich, dass die Nationalsozialisten hier nicht nur eine dominante Heimstatt finden konnten, sondern gerade dort auch den extremsten Beweis ihrer Unmenschlichkeit verwirklichten? Von Beginn an unterlag das offizielle Nachdenken nicht einer basisdemokratischen Selbstfindung der Bürger, sondern den politischen Zielen der Besatzungsmächte und jener deutschen Politiker, die von den Besatzungsoffizieren eingesetzt, hilfreich unterstützt oder geduldet wurden.

Die Amerikaner setzten ein optimistisches Signal. Sie ließen am 12. Mai 1945 die in Jena versteckten Särge Goethes und Schillers wieder in der Fürstengruft aufstellen. Sie zogen jedoch wieder aus den in Thüringen besetzten Gebieten ab, und am 3. Juli 1945 rückten sowjetische Truppen unter General Tschuikow in Weimar ein. Die Einwohner hatten Angst vor den »bolschewistischen Untermenschen«, fürchteten die Rache der Sieger und wollten doch gerne an deren Friedenswillen glauben. Tschuikow verbeugte sich ebenfalls respektvoll vor den humanistischen Traditionen der Stadt: Der sowjetische Stadtkommandant legte Kränze für Goethe und Schiller in der Fürstengruft nieder, das Goethe-Museum öffnete seine Pforten, das Goethe-Schiller-Denkmal vor dem Nationaltheater wurde vom Bombenschutz befreit und das Theater begann wieder mit dem Spielbetrieb. Die politische Interpretation formulierte dazu der deutsche Dichter Johannes R. Becher: *»Die deutsche Klassik, der deutsche Humanismus werden in der Auferstehung unseres Volkes auch ihre Auferstehung feiern. Goethe vor allem, dieser Menschheitserzieher zur Wahrheit, wird zu einem lebendigen Teil unseres Wesens werden; wäre sein Erbe lebendig gewesen in unserem Volke, hätten Millionen und aber Dutzendmillionen Deutsche der Hitlerbarbarei niemals Gefolgschaft leisten können.«*

Politische Absichtserklärungen über die radikale Abkehr vom Nationalsozialismus erklangen in jenen Tagen des Jahres 1945 viele. Lessings »Nathan der Weise« kehrte auf die Bühne zurück.

Reale politische Wegmarken wurden das »Potsdamer Abkommen« und die deutsche Teilung in Besatzungszonen. Deutsche Antifaschisten unterschiedlicher politischer Ansichten im Dienste der jeweiligen Besatzungsmächte und einfache Bürger regten sich mit dem Willen zum demokratischen Neubeginn. Und es lebten die vielen, vielen Deutschen mit dem Instinkt zur Selbsterhaltung, die inmitten der Ruinen über Nacht zu der sicheren Überzeugung gelangten, dass sie niemals etwas mit den »Nazis« zu tun gehabt hatten: Wohin die Reise auch gehen werde – sie würden sich anpassen oder versuchen, für sich selbst den besten Weg in die Zukunft zu finden. Auch in Weimar mit seinen historischen Leitfiguren. Einfach ist das alles nicht gewesen. Die Wunden der Vergangenheit bluteten noch über Generationen hinweg weiter.

Es wirkte allerdings wenig befreiend, schnell eine Ortsgruppe des »Kulturbundes zur demokratischen Erneuerung Deutschlands« zu gründen, in der mit dem Schriftsteller Heinrich Lilienfein ein überzeugter und aktiver Nationalsozialist das Wort führte.

Weit schwerer wogen die Ereignisse auf dem Ettersberg. Ein Paukenschlag stellte Weimars Normalbürger vor schier unlösbare geistig-politische oder sogar physische Probleme.

Konzentrationslager der Sieger

Am 22. August 1945 wurden in das KZ Buchenwald erneut Häftlinge eingeliefert. Die sowjetische Besatzungsmacht eröffnete auf dem Ettersberg das Speziallager Nr. 2 und berief sich dabei auf die Beschlüsse der Potsdamer Konferenz vom 1. August 1945: »*Nazistische Führer, einflußreiche Nazianhänger und das leitende Personal der nazistischen Einrichtungen und Organisationen sowie alle anderen Personen, die für die Besetzung und ihre Ziele gefährlich sind, sind zu verhaften und internieren.*«

Alle Besatzungsmächte sperrten belastete oder verdächtige Menschen nach dem Krieg in Lager. Das Speziallager auf dem Ettersberg existierte fünf Jahre. Die etwa 30.000 Inhaftierten setzten sich aus kleinen und mittleren NS-Funktionären und NSDAP-Mitgliedern, Angehörigen der SS, Gestapo, Wehrmachtsoffizieren oder Hitlerjungen zusammen. Weil dieses Lager nach den Richtlinien der diktatorischen Herrschaft Stalins bei der Bekämpfung von »Volksfeinden« geführt wurde, wurden auch Menschen eingesperrt, die sich nach Ansicht der Besatzungsoffiziere und ihrer deutschen Helfer tatsächlich oder vermeintlich einem Aufbau der deutschen Gesellschaft nach sowjetischem Vorbild widersetzten. Wie in allen Zeiten radikaler politischer Umbrüche mangelte es auch nicht an Denunziationen, die der fremden Besatzungsmacht in die Hände spielten.

Das Lager war eine ständige Drohung und geeignet, die Auseinandersetzung mit eigenen Erlebnissen und Erkenntnissen aus den vergangenen 12 Jahren zu überlagern. Die Zahl der Opfer ist auf Grund der Willkür schwer exakt zu ermitteln. Etwa 7.000 Menschen fielen dem Hunger, der Kälte, Krankheiten, der Isolation wie der vollständigen Rechtlosigkeit zum Opfer. Ein Häftling klagte: »*Der Zustand unserer Kleidung läßt sich kaum beschreiben. Viele waren ja in leichter Sommerkleidung verhaftet worden. Im Laufe der Jahre zerfiel sie buchstäblich und wurde mit jedem nur erreichbaren Stückchen Lappen geflickt. Farbe und Stoffart spielten keine Rolle. Als primitives Hilfsmittel diente teilweise eine heimlich hergestellte Nadel aus Aluminiumdraht, Fäden wurden aus alten Lumpen gezogen. Wir glichen allmählich wandelnden Vogelscheuchen.*«

Besonders deprimierend wirkte sich das vollständige Nichtwissen über die Zukunft aus: »*Der allergrößte Teil vegetierte stumpfsinnig tagein-tagaus, Wochen, Monate und Jahre hindurch. Das Leben schien keinem mehr lebenswert. Wir waren für die Außenwelt verloren. Die Ungewißheit über das Schicksal unserer Angehörigen peinigte uns ins Unermeßliche.*«

Auch nachdem im Februar 1948 die Entnazifizierung offiziell abgeschlossen war und über 9.000 Internierte das Lager verlassen durften, mussten etwa 4.000 Menschen noch ein weiteres Jahr ohne Hoffnung ausharren, ehe das Lager am 15. Februar 1950 geschlossen wurde: 264 Häftlinge wurden sowjetischen Strafverfolgungsbehörden und 2.415 Gerichten der DDR übergeben und zum Teil in den berüchtigten Waldheim-Prozessen abgeurteilt.

In den Köpfen der Menschen schwelten die ungelösten Widersprüche im Verständnis von KZ und Speziallager weiter. Sowjetische Offiziere und ihre deutschen Helfer – der SED-Führer Walter Ulbricht kam persönlich an den Ort des Geschehens – waren sich einig: Das Speziallager Nr. 2 wurde zum Tabu erklärt. Doch das Verschweigen ängstigte die Menschen nur noch mehr, zumal bei der Beurteilung des KZ in der offiziellen Sicht der von Kommunisten geführte Widerstand nahezu alleinige Priorität besaß. Es durfte kein Schatten auf die »Roten Kapos« fallen.

Umstrittene Persönlichkeiten mit dem Vorwurf des Eigennutzes wie Ernst Busse, einem der führenden Köpfe des illegalen Lagerkomitees und nach 1945 zeitweilig Stellvertretender Ministerpräsident Thüringens, wurden Schritt für Schritt aus dem öffentlichen Leben verbannt – Busse starb letztlich in Workuta, im sowjetischen Gulag. Ernsthafte Bemühungen demokratischer Kräfte um den thüringischen Ministerpräsidenten Herrmann Brill, im »Gauforum« eine Gedenkstätte zur umfassenden Auseinandersetzung mit dem KZ und dem Speziallager einzurichten, scheiterten am Widerstand der sowjetischen Offiziere. Erst als die Amerikaner 1947 in ihrer Zone (im ehemaligen KZ Dachau) einen Prozess gegen die Peiniger von Buchenwald durchführten, mussten in der Sowjetischen Besatzungszone die inzwischen von der SED majorisierten Institutionen handeln.

Mit Hilfe der »Vereinigung der Verfolgten des Naziregimes« (VVN) und Walter Bartels, des ehemaligen Vorsitzenden des Internationalen Lagerkomitees, wurde von Weimar aus die zentrale politische Richtung im ostdeutschen Antifaschismus vorgegeben: »*Zwei Tage vor der Einnahme Weimars durch amerikanische Truppen befand sich das Konzentrationslager Buchenwald [...] in den Händen der Häftlinge. Während in Weimar noch die SS und die Gestapo das Kommando führten, hatten die Häftlinge oben auf dem Ettersberg ihr Geschick in die eigenen Hände genommen. Beim Nähern der amerikanischen Panzerspitzen stürmten in den Mittagsstunden des 11. April 1945 die illegalen, bewaffneten Kader das große, eiserne Haupttor des Lagers, durchstießen den elektrisch geladenen Zaun, überwältigten die SS-Wachen und hißten ein großes weißes Tuch auf dem Lagerturm. [...] Mit den eroberten Waffen ausgerüstet, zogen 1500 ehemalige Häftlinge eine große Schutzkette um das Lager, bis zwei Tage später Einheiten der Armee Patton das Lager übernahmen.*«

Unter dieser politischen Prämisse sollte auf dem Ettersberg eine dauerhafte Gedenkstätte für das KZ eingerichtet werden – während Weimarer Bürger dort noch eingesperrt blieben. Das Zentralkomitee der SED beschloss 1953 in Berlin, dass in Buchenwald die weithin sichtbare nationale Gedenkstätte sozialistischen Memorialverständnisses einzurichten sei.

Gleichzeitig bemühte sich das kulturelle Weimar in den Jahren nach 1945 um das Wiederauflebenlassen seiner künstlerischen Traditionen. Einen Beleg lieferte Hermann Abendroth, der 1945 die musikalische Leitung der Weimarer Staatskapelle übernahm und diese zu einem geachteten deutschen Klangkörper entwickelte.

Unvereinbarkeit von Klassik und Parteilichkeit

Das Land Thüringen gab es seit 1952 nicht mehr. Es entstanden die Bezirke Erfurt, Gera und Suhl. Weimar verlor seine politische Bedeutung als Landeshauptstadt. Der Zentralismus nahm nach der Niederschlagung des Volksaufstands vom 17. Juni 1953, der auch in Weimar Opfer forderte, noch schärfere Formen an. Er fand auch in Weimar bei Zeremonien zu Ehren der »Opfer des Faschismus« seinen Ausdruck.

Am 11. April 1954 wurde auf dem Ettersberg in kalkulierter Absicht von 40.000 Menschen der »Schwur von Buchenwald« erneuert, den die Überlebenden am 19. April 1945 abgelegt hatten: »*Noch leben die Mörder unserer Kameraden! Noch laufen unsere sadistischen Peiniger frei herum! Wir schwören deshalb vor aller Welt auf diesem Appellplatz, an dieser Stätte des faschistischen Grauens: Wir stellen den Kampf erst ein, wenn auch der letzte Schuldige vor den Richtern der Völker steht! Die Vernichtung des Nazismus mit seinen Wurzeln ist unsere Losung. Der Aufbau einer neuen Welt des Friedens und der Freiheit ist unser Ziel.*«

Der leidvolle Schwur gequälter Menschen gehörte fortan zum politischen Ritual der DDR – für die Jungen Pioniere wie für die Reservistenkollektive. Ein Jahr später erklärte die Partei der Arbeiterklasse auch den Weimarern, dass das Gedenken an die NS-Opfer nunmehr »*im Zeichen des leidenschaftlichen Kampfes gegen den Versuch westdeutscher Faschisten und Militaristen, die Ideologie des Faschismus wieder aufleben zu lassen, gegen die Einbeziehung Westdeutschlands in einen neuen Krieg*« stehe. 1958 wurde die »Nationale Mahn- und Gedenkstätte Buchenwald« nach vierjähriger Bauzeit eingeweiht. Zu dem Monument gehörten die Stelen an der Straße der Nationen, der Glockenturm, die von Fritz Cremer geschaffene Gruppe mit den elf Bronzefiguren sowie das Museum. Die Gestaltung erinnerte an das Leid der Häftlinge, den Widerstand und an den Schwur der Überlebenden. Das gesamte Mahnmal diente der politischen Führung der DDR als Symbol ihrer politisch-historischen Legitimität. Der persönliche Besuch in Buchenwald war kein moralisches Bedürfnis oder gar Selbstverständlichkeit der Bewohner Weimars, sondern offiziell erklärte Ehrenpflicht eines jeden DDR-Bürgers. Dennoch verfehlte die Gedenkstätte ihre tiefgehende psychologische Wirkung auf die Menschen in der DDR nicht. Viele Weimarer Bürger beteiligten sich mit ihrer Hände Arbeit am Aufbau der Nationalen Gedenkstätte Buchenwald. Auch aus diesem Grunde genießt die Gestaltung des Ehrenmals im wiedervereinten Deutschland Respekt und Anerkennung. An die Opfer des Speziallagers Nr. 2 erinnerte zum ersten Mal ein 1990 nach der politischen Wende aufgestelltes einfaches Holzkreuz.

Dieser Widerspruch geht in die Geschichte der Stadt ein. Nach dem Zweiten Weltkrieg erlebte auch in Weimar jeder

Bürger die materielle und geistige Not. Der Ruf nach Frieden und persönlicher Sicherheit erreichte jeden Menschen, obwohl es für eine sozialistische Perspektive nach sowjetischem Vorbild in der Bevölkerung weder eine Tradition, noch das notwendige Verständnis gab. Gerade Weimar blieb zudem im gespaltenen Deutschland mit tausend historischen, geistigen und menschlichen Fäden in der ganzen deutschen Wirklichkeit verwurzelt.

Aus diesen Gegensätzen konnte sich die politische Führung der DDR mit ihren Bemühungen zur Gestaltung einer eigenständigen sozialistischen Gesellschaft nicht befreien. 1948, als das Weimarer Nationaltheater wieder eingeweiht wurde, erklärte Thüringens Ministerpräsident Werner Eggerath: »*Das Theater Goethes verpflichtet, es darf nicht im Nebel einer Kunst an sich und für sich und einer faden Neutralität vegetieren, sondern muss Partei ergreifen.*« Goethes »Faust« quasi als Kommentar zum »Kommunistischen Manifest« von Marx und Engels? Wen sollte das wirklich überzeugen?

Goethe, Thomas Mann und der Kalte Krieg

Das Phantom der »Parteilichkeit« wurde 1949 zum 200. Geburtstag Goethes besonders deutlich. Angesichts der bevorstehenden Gründung von BRD und DDR geriet das Jubiläum sowohl in Frankfurt am Main als auch in Weimar zum ebenso realen wie absurden geistigen Schlachtfeld des Kalten Krieges auf deutschem Boden.

Beide Seiten bedienten sich Thomas Manns, und der verfing sich in der Instrumentalisierungsfalle. Er wurde in Frankfurt kritisch und in Weimar euphorisch geehrt und glaubte in einer Mischung von politischem Kalkül und Naivität den deutsch-deutschen Konflikten am besten dadurch zu entgehen, dass er dieselbe Rede sowohl in Frankfurt wie in Weimar hielt. Der Dichter wollte »*Deutschland als Ganzes*« repräsentieren. Im Westen zog er sich Verachtung und Zorn zu, weil er überhaupt nach Weimar fuhr, und im Osten gab man sich geschmeichelt, ohne seinen Ratschlägen ernsthaft folgen zu wollen. Richtig gerührt war Thomas Mann in Weimar aber erst, als er beob-

THOMAS MANNS ANSPRACHE IM GOETHEJAHR 1949
»Meine erste Wiederkehr nach Deutschland, mein Wiedersehen mit ihm, das mich so tief bewegt, gilt dem alten Vaterland als Ganzem, und ich hätte es als unschön, ja als Treulosigkeit empfunden, wenn ich auf dieser Reise mich um die deutsche Bevölkerung der sogenannten Ostzone (wenn man im Falle Weimars von »Osten« sprechen darf) nicht bekümmert, sondern sie, sozusagen, links hätte liegenlassen. Ich hätte es als eine Unvollständigkeit meiner Deutschlandfahrt empfunden, wenn ich nur eine der beiden geweihten Goethestätten, nur die Geburtsstadt des Helden besucht hätte und nicht auch die Stadt, in der er von jungen Jahren an sein gewaltiges Leben verbracht hat. [...] Ich kann Ihnen nicht sagen, wie schmerzlich es mir war, als ich, vor nun mehr schon als einem Jahrzehnt, jenen Goetheroman »Lotte in Weimar« zu schreiben begann und es mir durch die unselige Lage der Dinge verwehrt war, hierher zu kommen und den Schauplatz meines Buches und die Räume wiederzusehen, in denen Goethe lebte und dichtete und deren erneuter Anblick damals für meine Arbeit so wichtig gewesen wäre. Ich mußte verzichten, es mußte auch ohne sinnliche Anschauung gehen.«
(Auszug aus der Ansprache, in: Weimar im Urteil der Welt, Berlin und Weimar 1977, S. 398.)

achten konnte, dass Goethes Wohnung am Frauenplan tatsächlich so eingerichtet war, wie er, Thomas Mann, sie in der Erzählung »Lotte in Weimar« beschrieben hatte.

Ein Korrespondent der »Süddeutschen Zeitung« begleitete die Goethe-Ehrung auf seine Weise: »*Kaum in Weimar angekommen, entrollt sich ein Wunder der Organisation. Es gibt Gutscheine für das Hotelzimmer, für alle Mahlzeiten, Theaterkarten für alle Vorstellungen, kostenlos fahren wir auch Taxi. Nicht genug, dem fassungslosen Besucher [...] wird ein ganzer Stapel wertvoller Bücher [...] als Geschenk überreicht. Als ich dem Ober, der mir im ›Russischen Hof‹ die ausgezeichneten, reichhaltigen Mahlzeiten serviert, wenigstens die Getränke bezahlen will, strafft er sich verbindlich im tadellosen Frack: ›Es ist alles schon bezahlt‹ [...]. Die Weimarer Freunde können zum Nachtgespräch nur eine erbärmliche Kaffeebrühe servieren. Die Hausfrau entschuldigt sich: ›Seit den Vorbereitungen zur Festwoche sind wir mit Lebensmitteln sehr knapp gehalten worden und Fleisch gab es schon vier Wochen nicht mehr.‹*«

Der arroganten Häme aus dem Westen setzte Johannes R. Becher die abstrakte sozialistische Imagination entgegen: »Goethes Werk ist das große humanistische Friedens- und Befreiungswerk der Deutschen. [...] So müssen wir Goethe von allen denen befreien, die Goethe nach wie vor für ihre veralteten Anschauungen beschlagnahmen und ihn so auslegen, als wäre er nichts weiter als ein Repräsentant irgendeiner guten alten Zeit.«

Sechs Jahre später wiederholte sich zu Schillers 150. Todestag das gleiche Spiel: Thomas Mann wurde eingeladen, sprach zuerst in Stuttgart und wiederholte die Rede in Weimar. Doch es gab einen Unterschied zum Jahre 1949. Thomas Mann hatte 1951 privat an Walter Ulbricht mit entlarvender Klarheit geschrieben: »Der Kommunismus hat − das ist die Wahrheit − mit dem Faschismus die totalitäre Staatsidee gemeinsam, aber er will es doch wahrhaben, und wir möchten es mit ihm wahrhaben, daß sein Totalitarismus sich von dem faschistischen himmelweit unterscheidet, einen ganz anderen ideologischen Hintergrund, ganz andere Beziehungen zum Menschheitsgedanken hat, und darum sollte er Sorge tragen, jede Möglichkeit der Gleichsetzung und geflissentlichen Verwechslung auszuschließen [...]. Hat es einen Sinn, diese armen Teufel, schwache anpassungsbedürftige Durchschnittsmenschen, die es nicht anders wußten, als daß man den Mantel nach dem Winde hänge und zweifellos heute wieder bereit wären, ihn nach dem neuen Winde zu hängen, − hat es einen Sinn, sie ganz im wilden Stil jenes zur Hölle gefahrenen [NS-Volksgerichtshofspräsidenten] Roland Freisler, der genau so seine Zuchthaus- und Todesstrafen verhängte, aburteilen zu lassen und damit der nicht-kommunistischen Welt ein Blutschauspiel zu geben, das eine [...] moralische Niederlage für alle [ist], die diesen Krieg für das größte Unheil halten, das die Menschheit treffen könnte?«

Das waren anklagende Worte, gerichtet an die politische Führung der DDR! Doch durfte der Dichter den Weimarern vorwerfen, ihre Mäntel nach dem sozialistischen Wind zu hängen? Welche Alternativen hatten sie, außer der härtesten Option, ihrer Heimat den Rücken zu kehren? Die Weimarer passten sich nicht nur an die neuen politischen Bedingungen an, sie mussten auch versuchen, ihrem Leben unter den aufgezwungenen repressiven Umständen einen Sinn zu geben − und die politisch-ideologische Überzeugungsarbeit wie die tätige Mitarbeit zur Normalisierung des Lebens riefen Schritt für Schritt

Wirkungen bei den Bürgern hervor, sich am Aufbauwerk zu beteiligen.

Für Thomas Mann besaß der Brief an Walter Ulbricht keine Folgen: 1955 konnte er ungehindert sein Credo, der moderne Dichter aller Deutschen zu sein, öffentlich darstellen und erhielt obendrein die Ehrendoktorwürde der Universität Jena.

Weimars Bürger dagegen hatten zwischenzeitlich die Erfahrung des Volksaufstands am 17. Juni 1953 gemacht. Außerdem gab es den Staats- und Parteidichter Johannes R. Becher! Er rief im Mai 1955 in Weimar pathetisch aus: »*Friedrich Schiller geht uns voran. Friedrich Schillers Werk liegt vor uns. [...] Wie könnte uns bange sein, wie könnten wir Mut und Hoffnung verlieren, wenn ein solcher Genius auf unserer Seite steht, uns vorangeht. Wie könnten wir zweifeln daran, daß der Sieg unser ist – wo ein Genius wie Schiller unser ist.*«

Mit dieser politischen Siegesgewissheit im Rücken musste kein Weimarer Stadtvater die poetischen gesamtdeutschen Elogen Thomas Manns fürchten. Außerdem spendete der die 100.000 Mark des Goethe-Nationalpreises, der ihm verliehen wurde, für den Wiederaufbau der im Krieg zerstörten Herderkirche.

Zweigleisiger Umgang mit den Beschlüssen von Partei und Regierung

Das Erbe Friedrich Nietzsches wurde dabei allerdings zum peinlichen Stolperstein. Aber man wusste zeitgemäßen Rat: Das Archiv wurde aufgelöst und die Bestände dem Goethe- und Schiller-Archiv zugeordnet. Die Beschäftigung mit dem Nietzsche-Nachlass blieb verboten. Erst 1958, als das Goethe- und Schiller-Archiv in die »Nationalen Forschungs- und Gedenk-Stätten der klassischen deutschen Literatur in Weimar« (NFG) eingegliedert wurde, ließ die Obrigkeit die Materialien für eine wissenschaftliche Benutzung zu. Doch die Auseinandersetzung mit dem Erbe Nietzsches blieb bis zum Ende der DDR politisch suspekt. Nur wenige Gelehrte wagten sich an das Thema heran. Das Prinzip der freien Forschung wurde mit zentraler Weisung aufgegeben, um die »*schöpferisch-kritische*

Aneignung jenes Erbes zu fördern, das aus der Entwicklung progressiver und humanistischer Nationalkultur zwischen 1750 und 1850 auf uns gekommen ist«. Strukturen, Mitarbeiterfleiß und inhaltliche Aufgaben der Gedenkstätten wurden mit dem pathetischen Ziel organisiert, *»den tiefen Brunnen der Vergangenheit für unsere sozialistische Gegenwart und Zukunft auszuschöpfen«.*

Es bedurfte einiger artistischer verbal-politischer Kunstgriffe, den geistigen Reichtum der Klassik den marxistisch-leninistischen »Gesetzmäßigkeiten des Klassenkampfs« unterzuordnen. Die Leiter und Mitarbeiter der Gedenkstätten reagierten ganz unterschiedlich. Sie besaßen die »Freiheit«, Weimar und das Land zu verlassen. Sie konnten in ihren Arbeiten und Forschungsergebnissen der politischen Doktrin folgen, nach unauffälligen Nischen suchen, still und objektiv der bürgerlichen Erberezeption des 19. Jahrhunderts folgen sowie ganz unpolitisch und exakt die Pflichten von Restauratoren, Konservatoren oder Bibliothekaren erfüllen, die einfach ihren Beruf und ihre Berufung liebten. Auch unter schwierigen materiellen Bedingungen vollbrachten die Mitarbeiter bei der Bewahrung des klassischen Erbes solide und großartige Leistungen.

Der Widerspruch blieb: Die wissenschaftlichen Erkenntnisse dienten in den west-östlichen politischen Doktrinen der Stärkung des politischen Ansehens der DDR und entsprachen dennoch zugleich auf Grund des eigentlichen klassischen Themas dem Anspruch einer »nationalen«, d. h. gesamtdeutschen Gedenkstätte.

Für den »Mythos Weimar« entstand abermals eine abnorme Situation. Die Lager auf dem Ettersberg waren eine Perversion des klassischen Geistes. Die deutsche Spaltung nach 1945 brachte eine Abkehr von der Universalität der Klassiker aus politischen Gründen, die nicht in der Kontinuität der deutschen Geschichte lagen. Nach allen historischen Voraussetzungen sollten gerade die Bürger Weimars für die politisch-ideologische Formung eines »neuen sozialistischen Menschenbildes« besonders schwer empfänglich sein.

Sozialistische Konflikte: Holtzhauer und Fürnberg

Beispielhaft für die Kompliziertheit im Spannungsfeld von ideologischer Disziplin und wissenschaftlich-künstlerischer Leistung war das Wirken von Helmut Holtzhauer und Louis Fürnberg für Weimars klassisches Erbe. Wenn Walter Ulbricht 1964 die Stadt als Ausgangspunkt sozialistischer Kulturpolitik betrachtete, dann wollte er seine Zufriedenheit mit der Arbeit der »Nationalen Forschungs- und Gedenkstätten der klassischen deutschen Literatur« (NFG) demonstrieren, obwohl deren Entwicklung gar nicht so stromlinienförmig verlief, wie Ulbricht sich das in Berlin vielleicht vorstellte.

Der »VEB Goethe«, wie die NFG zeitgemäß respektvoll und zugleich spöttisch als »Volkseigener Betrieb« bezeichnet wurde, vereinte nach mehreren strukturellen Zwischenstufen das Goethe-Nationalmuseum, das Goethe- und Schiller-Archiv, die Zentralbibliothek (heutige Herzogin Anna Amalia Bibliothek), das Institut für klassische deutsche Literatur, (Bau-)Denkmäler (hinzu kamen die Schlossanlagen Ettersburg und Dornburg), Gärten und Parks sowie die Direktion Kultur und Bildung (Öffentlichkeitsarbeit).

Holtzhauer war die herausragende Persönlichkeit, die Inhalt und Erscheinungsbild der NFG geprägt hat. Dienst für den Sozialismus bedeutete für ihn nicht das Aufblähen ideologischer Seifenblasen, sondern die signifikante Leistung der Menschen, die in dieser Gesellschaft eine Aufgabe sahen und dafür lebten. Über zwei Jahrzehnte hinweg rang er energisch darum, die geistigen und baulichen Wunden, die der Nationalsozialismus geschlagen hatte, zu beseitigen und dem »Mythos Weimar« ein sozialistisch-menschliches Antlitz zu verleihen. Damit traf er auch den Nerv und den Willen vieler Mitarbeiter, die dafür sorgten, dass die Stadt bald wieder zur kulturhistorischen Pilgerstätte von Besuchern aus aller Welt wurde. Dass er angefeindet wurde, lag in der grundsätzlichen Parteinahme für den Sozialismus in der DDR.

Holtzhauer und der Intendant Karl Kayser waren zeitweilig so dominant in Weimar, dass der Leipziger Germanist Hans Mayer einmal witzelte: »*Warum können Goethe und Schiller das Podest*

Helmut Holtzhauer, Generaldirektor der Nationalen Forschungs- und Gedenkstätten der klassischen deutschen Literatur in der DDR.

nicht einmal für einen Augenblick verlassen? Weil dann Holtzhauer und Kayser aufspringen würden!«

Von 1954 bis zu seinem Ableben im Jahre 1957 wirkte der Dichter Louis Fürnberg als Vizepräsident der NFG. Seine Dichtungen, die Gestaltung des Schillerjahrs 1955 oder die Herausgabe der »Weimarer Beiträge«, das waren Leistungen für Weimars Ansehen, deren wahre Bedeutung erst Jahre später anerkannt worden ist. 1959 ernannte die Stadt Fürnberg posthum zum Ehrenbürger, und neben dem Residenzschloss ehrt eine Bronzebüste den Dichter, dessen menschliches Schicksal in Weimar ähnlich konfliktreich und tragisch endete, wie sein Leben verlaufen war.

Persönliche Reibungen zwischen Holtzhauer und Fürnberg waren letztlich auch der gesamten unbefriedigenden Situation Weimarer Wissenschaftler und Kulturschaffender geschuldet. Weltumspannender Geist der klassischen deutschen Literatur und real existierender Sozialismus in den Grenzen der DDR erwiesen sich als nicht kompatibel – mit ganz konkreten persönlichen Konsequenzen.

Zwischen den Fronten: Die Goethe-Gesellschaft

An den bedeutenden literarischen Gesellschaften aus dem 19. Jahrhundert schieden sich bereits die Geister. Die Shakespeare-Gesellschaft weigerte sich, dem »Kulturbund zur demokratischen Erneuerung Deutschlands« als Unterorganisation beizutreten, und verlegte ihren Hauptsitz in den Westen. Das Shakespeare-Denkmal, 1904 von dem Bildhauer Otto Lessing geschaffen, blieb im Park an der Ilm zurück. Die 1865 gegründete Dante-Gesellschaft verschwand nach München.

Zu einem außergewöhnlichen historischen Phänomen entwickelte sich dagegen die Goethe-Gesellschaft. Sie blieb während der ganzen Existenz der DDR als eigenständige gesamtdeutsche Gesellschaft bestehen – ähnlich der »Leopoldina«. Kurt Hager, der Kultursekretär der SED, nannte die Gesellschaft ganz simpel eine »*Agentur der westlichen Ideologie bei uns*«. Gleichzeitig musste er zähneknirschend hinnehmen, dass Holtzhauer seit 1955 als Vizepräsident und ab 1973 als Präsident der Gesellschaft wirkte.

Es ist unschwer vorstellbar, dass in dieser Gesellschaft alle deutsch-deutschen politischen und weltanschaulichen Gegensätze des Kalten Krieges aufeinanderprallten. Doch beide Seiten benötigten eine solche Goethe-Gesellschaft: die BRD, um ihren Grundsatz von der Unteilbarkeit der deutschen Nation zu vertreten und Einfluss auf die innere Entwicklung der DDR zu nehmen; die Regierung der DDR, um ihre Weltoffenheit im Ringen um die eigene internationale Anerkennung zu demonstrieren und ihre »nationale Mission der deutschen Arbeiterklasse« zur Schau zu stellen.

Weimar stand damit als historischer Mythos der deutschen Kulturnation zwischen den politischen Fronten, war von Ostberlins politischer Doktrin abhängig und musste in dieser Isolierung das klassische Erbe weltweit vertreten. Das waren von der Stadt kaum zu ertragende Belastungen, doch es ist auch Holtzhauer zu verdanken, dass die Goethe-Gesellschaft an den Gegensätzen nicht zerbrochen ist. 1954, auf der ersten Nachkriegskonferenz, erklärte der Präsident der Gesellschaft, der Westberliner Philologe Bruno Wachsmuth: »*Es ist die Aufgabe [der*

Goethe-Gesellschaft,] das Bewußtsein der Einheit Deutschlands wachzuhalten und zu pflegen mit dem Mittel der geistigen Kraft und Verbundenheit, die von Goethes Leben und Werk und vom Zauber der Stadt Weimar ausgehen. [...] Eine gesamtdeutsche Vereinigung zu sein, ein deutscher Vortrupp zu sein für die Stunde, da unser Vaterland wieder ein Ganzes zu sein vermag, das sollte und kann neben den wissenschaftlichen Aufgaben der besondere Auftrag unserer Gesellschaft für die Gegenwart sein. Und wir dürfen wohl glauben, daß Goethe hierzu sein Bravo uns zurufen würde.«

Welche politischen Hindernisse diesem Ziel im Wege standen, wird selbst in publizistischen Details sichtbar. 1950 beauftragte die Akademie der Wissenschaften der DDR die in Westberlin lebenden Literaturwissenschaftler Momme und Katharina Mommsen mit einer Dokumentation über die »Entstehung von Goethes Werken«. Bis 1959 erschienen die ersten beiden Bände. Mit dem Bau der Berliner Mauer wurden die Mommsens 1961 von den Mitarbeitern und Dokumenten im Weimarer Goethe- und Schiller-Archiv abgeschnitten. Erst nach dem Ende der DDR konnte unter unendlichen Mühen begonnen werden, das Werk fortzusetzen ...

Sozialistisches Kulturpanorama

Dem Stolz der Weimarer, dem Nationaltheater, gab der Generalintendant Karl Kayser die Richtung vor und meldete der SED-Führung 1968 über seinen Fleiß in den vorausgegangenen Jahren der Ulbricht-Ära: »*Die Wandlung des Theaters von einer Institution der bürgerlichen Klassengesellschaft zur Pflegestätte revolutionärer humanistischer Ideale der Arbeiterklasse und der mit ihr verbündeten Schichten vollzog sich besonders im Weimarer Nationaltheater nicht im Selbstlauf und nicht ohne Widersprüche, aber dennoch zielstrebig und kontinuierlich dank der klugen, die Kunst, die Künstler, und das Theater fördernden Hilfe und Politik der Partei der Arbeiterklasse und ihrer Funktionäre.*« Kayser betonte ausdrücklich: »*Theaterstücke mit sozialistischen Ideen, besonders der historischen Epoche der Oktoberrevolution und deren sinnvolle konzeptionelle Nutzung für die Interpretation klassischer Werke, wurden zum Programm und zum Qualitätsmaßstab der individuellen und kollektiven Entwicklung des Theaterensembles.*«

Das traditionell konservative Weimarer Publikum murrte über die revolutionären Spielpläne. Doch Partei und Regierung sorgten über sozial verträgliche Eintrittspreise und mit Hilfe der Gewerkschaft für einen nicht abreißenden Strom von Theatertouristen aus Stadt und Land, die das Haus über Jahre hinaus gut und auch gerne füllten. Die Arbeiter und Bauern sollten die »neuen sozialistischen Menschen« verkörpern, denen Walter Ulbricht 1964 vor dem Hintergrund einer »Faust«-Inszenierung von Fritz Bennewitz am Nationaltheater erklärte, wie sie das aufgeführte Drama zu verstehen hätten: »*Die Vision Goethes im Faust von dem freien Volk, das auf freiem Grund lebt, entsprach den Ideen des jungen deutschen Bürgertums. Diese große nationale und humanistische Idee Goethes wurde in Westdeutschland durch die imperialistische Politik und die amerikanische Lebensweise verschüttet. Ich denke, es ist ein Symbol, daß das Kommunistische Manifest von Karl Marx und der Faust von Goethe die Lieblingswerke der Sozialisten sind. Ja, auch der Faust ist unser Lieblingswerk, weil Goethe den Kampf zwischen dem Alten, Mystischen, schon der Vergangenheit angehörenden und dem Neuen, Fortschrittlichen dargestellt hat. Die Dialektik der Entwicklung in Goethes Faust enthält das Wesen jenes großen Kampfes, den wir in Deutschland führten und zum Sieg führen werden. Das heißt, nur die deutsche Arbeiterklasse und die Nationale Front des demokratischen Deutschland können die hohen Ideen Goethes endgültig zum Sieg führen. Wenn ihr wissen wollt, auf welchem Weg es vorwärts geht, so müßt ihr Goethes Faust und Marx' Kommunistisches Manifest lesen.*«

Die Genossen dankten für den Hinweis mit stehenden Ovationen. Gut und schön! Als der so proletarisch geadelte Fritz Bennewitz den Wunsch nach einer Wohnung in Weimar »auf dem kurzen Weg« äußerte, entgegnete der Stadtrat mit sozialistischer Zukunftsgewissheit: »*Und wenn er den dritten Teil des Faust inszeniert hätte, müsste er trotzdem so lange auf eine Wohnung warten, wie jeder andere Bürger.*«

Es ehrte viele Weimarer, dass sie die sozialistisch interpretierte »Faust«-Version in der Inszenierung von Bennewitz nicht einfach widerspruchslos hinnahmen, sondern mit eigenen Ansichten kritisch hinterfragten; geändert haben sie natürlich an der offiziellen Kulturpolitik nichts.

In der Stadt hatte man ohnehin noch andere anhaltende Sorgen. Das städtische Leben Weimars umfasste viele Probleme,

ZEITZEUGE

HANS CIBULKA – WEIMAR (1973)
Die deutsche Klassik,
ein Steinbruch,
so hör ich es öfter
in diesem Land.
Gebt acht,
ihr Blindgeborenen,
wenn ihr die Felswand entlang geht,
dass euch nicht von oben ein Felsblock
erschlägt.

die sich nicht mit reiner Ideologie, sondern nur mit den knappen lebensnahen Ressourcen lösen ließen. Der alliierte Bombenangriff vom 8. Februar 1945 hatte 462 Menschen getötet, das Goethe-, das Schiller- und das Bachhaus, die Stadtkirche, das Theater, die Nordseite des Marktplatzes getroffen und andere Gebäude zerstört. Aber der Großteil der historisch überkommenen städtischen Bausubstanz blieb erhalten. Die Kommune und ihre Bürger mussten in den folgenden Jahrzehnten, der Not gehorchend, gegen deren unaufhaltsame Alterung ankämpfen – und besaßen dafür nur unzureichende Mittel. Bis 1971 wiesen 64 % der Wohngebäude leichte bis mittlere Schäden auf, 18 % waren nicht mehr bewohnbar.

Die neue Plattenbausiedlung in Weimar-West folgte dem sozialistischen Wohnungsbauprogramm und linderte tatsächlich die Wohnungsnot. Die »Platte« war beliebt und erleichterte das Leben der Menschen durch ihren Komfort. Doch dem kulturellen »Mythos Weimar« entsprach der Verfall in der Innenstadt nicht. Den Bürgern und Stadtherren war sehr wohl bewusst, welche Bedeutung der Tourismus für die städtische Zukunft besaß. Der Zustrom von Touristen aus aller Welt stieg trotz deutscher Spaltung und Kaltem Krieg von Jahr zu Jahr. Die Stadt wollte Bewohnern und Gästen einen attraktiven sozialen Rahmen zu den Stätten der klassischen deutschen Literatur bieten, der die eigenen Traditionen mit dem sozialistischen Geist verband.

Im Zentrum entstand nicht nur eine sehenswerte Fußgängerzone, sondern traditionelle Feste wie der historische Weimarer Zwiebelmarkt erfreuten sich unverdrossener Beliebtheit und lockten die Menschen in Scharen in die Stadt, ebenso wie die Meisterwerke der staatlichen Kunstsammlungen im Schloss.

Die Bürger gaben der Stadt ein in den realen Gegebenheiten mögliches gastfreundliches Gesicht. Dazu gehörten die offiziellen Feiertage ebenso wie z. B. die gar nicht parteipolitisch disziplinierten FDJ-Studententage. Dazu zählten auch bereits 1951 und 1953 Ausstellungen mit Graphiken von Rembrandt und Lucas Cranach oder die 1971 und 1972 folgenden Präsentationen mit Werken von Albrecht Dürer und abermals Cranach. Auch der überfällige Anbau an das Schiller-Museum wurde ab 1984 realisiert.

Dem stand leider der konkrete Verfall des Landesmuseums ebenso gegenüber wie die seit 1951 verfolgte gesamte Kulturpolitik, die unter dem Schlagwort des Kampfes gegen den »Formalismus« in Kunst und Literatur dem freien Schöpfertum – z. B. in den Traditionen des Weimarer Bauhauses – zugunsten eines »sozialistischen Realismus« eine Absage erteilte. Umso verdienstvoller war es, dass z. B. der international anerkannte Architekt Bernd Grönwald an der Weimarer Hochschule für Architektur und Bauwesen ein Forschungsprojekt zur Geschichte des Bauhauses ins Leben rief und als Mieter des Musterbaus »Am Horn« diese Bauhaus-Reliquie nach besten Kräften selbst sanierte und darin eine Gedenkstätte für die Bauhäusler einrichtete.

Es bleibt das Fazit: Die Geschichte Weimars zwischen 1945 und 1989 war von tiefen Konflikten und Widersprüchen charakterisiert, die der Stadt von außen auferlegt wurden und ihre Wirkungen bis ins Alltagsleben der Bürger hinein zeigten. Die Masse der Weimarer hielt ihrer Stadt die Treue und wollte gerne in ihren Mauern leben. Bei aller Politisierung des Alltags – die reichen kulturellen und sozialen Gewohnheiten und Traditionen lebten fort. Eines Tages wurden auch die gutwilligsten Weimarer Bürger der 1945 verordneten politischen Macht überdrüssig. Der über Jahre hinweg aufgestaute Unwille über die Einschnürung in die Enge des Landes, die ideologische Gängelei und den wirtschaftlichen Abstieg brach sich im Sommer 1989 mit elementarer Wucht Bahn.

Goethe-Schiller-Denkmal mit Plakat »WIR BLEIBEN HIER« in der Wende von 1989.

Es war von tiefer Symbolik, dass im November 1989, nach dem lange nicht für möglich gehaltenen Fall der Berliner Mauer, pfiffige Weimarer Bürger dem Doppelstandbild vor dem Nationaltheater ein Schild mit der Aufschrift umhängten: »WIR BLEIBEN HIER«. Der historische Irrweg, den traditionsbewusste Weimarer in ihrer Stadt mitgegangen waren, hatte nicht bewirkt, dass der klassische »Mythos Weimar« verloren gegangen war. Der große Aufbruch der DDR-Bevölkerung vom Sommer und Herbst 1989 eröffnete zum ersten Mal in der Geschichte eine Chance, dass die Deutungshoheit über die gesamte Kulturgeschichte Weimars und deren Platz in der Nationalgeschichte nicht mehr von einer politisch instrumentalisierenden Obrigkeit ausgehen würde. Die Zukunft musste zeigen, ob der »Mythos Weimar« nach Fürstentum, Weimarer Republik, NS-Diktatur und »realem Sozialismus« eine wirklich arteigene und unabhängige Gestalt annehmen konnte oder sich wieder in einer machtpolitischen Illusion oder Vormundschaft verhaken würde.

Die säkulare Vision von einer europäischen Kulturstadt

*Sie brauchen eine geistige Mitte,
die nach meiner Überzeugung in der
wissenschaftlichen Erforschung der
Welt Goethes liege.*
PAUL RAABE

Mit dem Beitritt der DDR zum Geltungsbereich des Grundgesetzes der Bundesrepublik Deutschland veränderte eine parlamentarische Entscheidung der Volkskammer in Berlin 1990 auch für Weimar alle gesellschaftlichen Lebensbereiche von Grund auf. Die Mehrheit der Weimarer Bürger unterstützte diesen Beschluss.

Der Weg aus der politisch-ideologischen Enge über den Rausch der Freiheit in die soziale Marktwirtschaft war kurz und für viele Weimarer anhaltend schmerzlich, denn das sozialistische Kollektiv der Arbeit und Geselligkeit hatte historisch ausgedient – das freie Individuum kehrte in die Gesellschaft zurück und rief die unterschiedlichsten Bewertungen über die eigene Vergangenheit hervor. Mit den aufgeräumten »Wessis«, die Weimar flink zu ihrem Geschäftssitz wählten, kamen geläuterte Altweimarer zurück, deren Flucht in den »Westen« seinerzeit dem inneren Unbehagen unangepasster Bürger gegen die »proletarische Diktatur« nur wenig genutzt hatte. Nun waren sie wieder da, blieben zwar oft nicht lange, wiesen jedoch gemeinsam mit stürmischen Revolutionären der ersten Stunde durch ihr Insiderwissen oder auch Vermögen sowohl tüchtigen wie windigen Investoren den Weg, das nach wie vor durchaus attraktive klassische Kulturzentrum ganz im Sinne der deutschen Einheit zu einem lukrativen privatwirtschaftlichen Geschäftsmodell aufzubauen.

Sichtbarster Ausdruck für das Bemühen, die historischen Traditionen der Stadt in die neue Ordnung zu tragen, war die

Vorbereitung Weimars auf die Rolle einer Kulturstadt Europas, die im Jahre 1999 realisiert wurde – als in die Welt strahlender »Leuchtturm« für den Willen, die Kraft und das Ziel der geeinten deutschen Nation.

Kurs auf das Kulturstadtjahr 1999

Jeder Einwohner und Besucher konnte es sehen: Weimar genoss eine für die Stadt neue Freiheit. Das öffentliche Bild der Innenstadt wandelte sich rasant durch die Ansiedlung von Unternehmen, Restaurants, Kanzleien oder Geschäften, deren Angebote weit über den Eigenbedarf einer kleinen Provinzstadt hinausgingen. Die für die Marktwirtschaft charakteristischen schönen Attribute des schnellen Konsums konnten jedoch nicht darüber hinwegtäuschen, dass auch in Weimar mehr Arbeitsplätze verloren gingen, als neue geschaffen wurden. Dem trunkenen Run auf die D-Mark folgte bald der Schock: Bei etwas über 60.000 Einwohnern lag die Arbeitslosenquote im Jahresdurchschnitt 1996 bei 14 %. Der ständig wachsende Touristenstrom, der bald jeden dritten Beschäftigten Weimars einbezog, konnte die langfristige Lebensfähigkeit der Stadt nicht sichern.

Der Anspruch, wieder die beispielgebende deutsche Stadt der klassischen Literatur und Kunst zu werden, berührte alle Lebensbereiche der Stadt und ihrer Bürger, verlangte grundlegende strukturelle Wandlungen in Politik, Wirtschaft, Wissenschaft, Kultur und sozialem Gefüge. Weimar sollte im vollen Bewusstsein seiner unteilbaren Vergangenheit *»einen lebendigen Dialog zwischen den Kulturen Europas schaffen und die kulturellen Eigenheiten respektieren«*. Doch der befreite innovative Geist Weimars musste erst gefunden werden – in einem Europa, das sich nach Jahrzehnten der feindseligen Spaltung selbst erst neu finden musste. Würde es gelingen, der Stadt einen innovativen Geist zu vermitteln, der dem Weltgeist des 21. Jahrhunderts Rechnung tragen kann? Wie sollte der sich für die Bürger konkret sichtbar eröffnen? Es war ja nicht einmal klar, worin der so viel beschworene imaginäre Weltgeist des 21. Jahrhunderts bestehen sollte.

Theater-Kubus im Ilmpark – Spielstätte im Kulturstadtjahr 1999

Der Generalbevollmächtigte für das Kulturstadtjahr, Bernd Kauffmann, der nach der politischen Wende zugleich den Stätten der klassischen deutschen Literatur und dem neuen Weimarer Kunstfest vorstand, eröffnete die Bataille um die Stadt mit einem großen schwarzen Kubus als »temporärem Theater«. Der Kubus wurde zunächst 1993 im Schlosshof und ab 1996 im Ilmpark aufgestellt. Es gab frevlerische Säureanschläge und Bombendrohungen, aber letztlich erfüllte sich Goethes Weissagung aus dem Jahre 1825 nicht, als er nach dem Brand im Hoftheater resignierte: »*Ein neues Theater [in Weimar] ist am Ende doch immer nur ein neuer Scheiterhaufen, den irgendein Ungefähr über kurz oder lang wieder in Brand steckt.*« Der Kubus wurde vielmehr ein für jeden Bürger sichtbares Symbol dafür, dass das neue Weimar mit den Leistungen, die im Jahr der Europäischen Kulturstadt sichtbar werden sollten, an den unverfälschten Goethe anknüpfen wollte. 1825 hatte der seinen Sekretär Eckermann umworben: »*Wo finden Sie auf einem so engen Fleck noch so viel Gutes! Auch besitzen wir eine ausgesuchte Bibliothek und ein Theater, was den besten anderer deutscher Städte in den Hauptsachen keineswegs nachsteht. Ich wiederhole daher: bleiben Sie bei uns, nicht bloß diesen Winter, wählen Sie Weimar zu Ihrem Wohnort. Es gehen von dort die Tore und Straßen nach allen Enden der Welt! [...]*«

Bernd Kauffmann, 1992 bis 2001 Präsident der Stiftung Weimarer Klassik, Intendant des Kunstfestes Weimar und als Generalbeauftragter der »Weimar 1999 – Kulturhauptstadt Europas GmbH«.

Bernd Kauffmann, die Stadtväter und die beteiligten Wissenschaftler, Künstler, Journalisten, Mäzene und Manager waren sich mit den zur demokratischen Läuterung bereiten und aktiven Bürgern einig: »*Wir haben zu bedenken und immer wieder daran zu erinnern, dass Weimar, die Stadt Goethes, der Ort ist, der in Deutschland für Humanität steht, aber zugleich auch in der Nachbarschaft Buchenwalds an schrecklichste Inhumanität erinnert. Diesen kulturellen Gedächtnisort in seinem Doppelsinn zu fördern, ist eine nationale Aufgabe.*«

Es war eine Aufgabe, die, wenn man sie feinfühlig genug anpackte, die realen Lebensleistungen und Erfahrungen der Bewohner Weimars respektvoll würdigen konnte. Eine wesentliche Rolle spielte in dem notwendigen Diskurs der ebenso streitbare wie vorwärts drängende Chefredakteur der »Thüringischen Landeszeitung«, Hans Hoffmeister. Er scheute sich nicht, unbequeme Fragen zu stellen und den Honoratioren der Stadt, wenn nötig, auf die Füße zu treten.

Weimar durfte auch nicht dem Nachwendetrend folgen und spürbare Einbußen in der Bevölkerungszahl zulassen. Die diesbezüglichen Bemühungen gelangen annähernd: Im Jahr 2010 hatte die Stadt 65.233 Einwohner. Vordringlich waren die Lösung sozialer Probleme, wie der Arbeitsbeschaffung, oder die Regelung von Eigentumsfragen im weitesten Sinne. Der Blick auf die kulturellen Traditionen half entscheidend, der Stadt ein aufgeschlossenes geistiges Klima zu verleihen. Dazu gehörte auch das Weimarer Kunstfest.

Mit dem 250. Geburtstag Goethes sollte ein Event geschaffen werden, das aller Welt demonstrierte, welche kunstvollen Früchte die Überwindung der deutschen Spaltung und das Ende der europäischen Konfrontation bringen konnten; dass die neuen Bundesländer in die Traditionen der deutschen Nationalgeschichte zurückgekehrt waren; dass die Menschen in Thüringen fähig sind, sich auch nach den Erfahrungen mit zwei Diktaturen in die moderne Zivilgesellschaft zu integrieren. Hohe Ziele, für die Weimars Bürger mit all ihrem in der Vergangenheit bewiesenen Beharrungs- und Anpassungsvermögen erst gewonnen werden mussten!

Der Theater-Kubus war ein Auftakt – dem keine lange Lebensdauer beschieden war. Nach wenigen Jahren verschwand er aus dem Stadtbild, aber nicht aus der Erinnerung der Weimarer. Ein Duplikat des Goetheschen Gartenhauses im Ilmpark erregte die Gemüter und – landete im nahe gelegenen Bad Sulza. Mit großen Ambitionen wurden die Bertuchhäuser kunstvoll saniert. Aus gutem Grund! Sie erinnerten an einen der fähigsten Unternehmer Weimars, dessen Geschäfte 200 Jahre zuvor für die Stadt wesentlich nutzbringender gewesen wären, wenn Herzogtum und Kommune nur seinem gewinnbringenden Vorbild engagierter gefolgt wären. Jetzt beherbergen die Gebäude das Stadtmuseum – dessen dauerhafte Öffnung von erheblichen finanziellen Problemen begleitet wurde.

Stärker als Kubus, Gartenhaus oder Bertuchhäuser und die künstliche Waldschneisen-Sichtachse auf den Ettersberg nach dem Vorbild des Fürsten Pückler-Muskau erregte die Ausstellung »Aufstieg und Fall der Moderne« bei Bürgern und Gästen Aufsehen. Der Anspruch, Weimar als Beispiel deutscher Geschichte, Kunst und Kultur zwischen 1890 und 1990 darzustellen, war bereits mit genügend Kontroversen beladen. Aufregung und emotionale Konflikte mit vielen persönlichen Kränkungen verursachte nicht der Teil im Residenzschloss mit Kunstwerken der Moderne, sondern die Expositionen im

Bildersaal in der Ausstellung »Aufstieg und Fall der Moderne«

ehemaligen »Gauforum«, in denen die Kunst im Nationalsozialismus und in der DDR vorgeführt wurde.

Der unversöhnliche Streit konzentrierte sich auf die Auswahl und Darstellung der Kunstwerke aus der DDR. Der Kritiker der »Frankfurter Allgemeinen Zeitung« sah in der DDR-Kunst lediglich deren Nähe zum Nationalsozialismus. In ungerechtfertigter Pauschalisierung und mit wegwerfender Geste verortete er sie »*auf die Müllhalde der Geschichte*«. Tatsächlich verfolgte die Ausstellung das Ziel der Provokation. Hatte nicht Goethes und Schillers Formulierung der Klassik ebenfalls die deutsche Literatur und Kunst herausgefordert? Hatte nicht das Weimarer Bauhaus die Moderne polarisiert? 1999 stand das deutsche Volk mit seiner Wiedervereinigung vor einer so grundlegend neuen historischen Situation, dass es polarisierender Denkanstöße bedurfte, die gewaltigen Probleme zu lösen.

Nicht jeder Betrachter oder Künstler hat daraus Schlüsse gezogen, die einer europäischen Kulturstadt adäquat gewesen wären – man sprach gar vom »*skandalösen Rückfall in die demagogischen Abwertungs- und Denunziationsmuster des Kalten Krieges*«. Trotz organisatorischer Modifizierungen konnte der tiefe Riss, der durch die öffentliche Meinung ging, nicht geschlossen werden. Die NS- und DDR-Abteilungen schlossen unter anhaltenden Protesten namentlich der involvierten Künstler früher als geplant.

Letztlich reflektierte der Streit die konkrete und naturgemäß noch unbewältigte politische Situation des wiederverei-

nigten Deutschlands vor den Augen der aufmerksamen Europäer. Das Interesse an der Auseinandersetzung war in der Öffentlichkeit sehr groß. Es gab keine Veranstaltung im gesamten Kulturstadtjahr – vom Zwiebelmarkt abgesehen –, die solchen Besucherzulauf hatte wie die Kunstausstellung.

Europa und die Welt blicken auf Weimar

Mit der Kulturstadt ging ein wahrhaft gewaltiges Sanierungsprogramm einher. Ehre den Baumeistern und Architekten vergangener Jahrhunderte! Eine so radikale städtebauliche Kur hatte Weimar im Frieden noch nicht erlebt.

Der spektakulärste Event wäre ohne Wirkung geblieben, wenn die Stadt und ihre Bürger nicht den geeigneten Rahmen geschaffen hätten. Mit dem Kulturstadtjahr konnte den Bewohnern quasi in einem Crash-Kurs der Sprung auf die damalige Sonnenseite der gesamtdeutschen Wirklichkeit gelingen, wenn sie es verstanden, die notwendige infrastrukturelle Nachhaltigkeit zu erreichen.

Rund 1,3 Mrd. DM schufen gute materielle Voraussetzungen für den Anschluss an die Marktwirtschaft. Wer heute, zwei Jahrzehnte nach dem Kulturstadtjahr, Weimar betrachtet, sieht es: Straßenpflaster und Straßenbeleuchtung der Altstadt sind komplett erneuert, der Bahnhof samt Vorplatz ist renoviert, die

Zum Kulturstadtjahr sanierter Bahnhofsvorplatz Weimars.

große Eingangsallee vom Bahnhof in die Stadt, die Carl-August-Allee, und der Goetheplatz neu gestaltet. Letzterer allerdings noch ohne das historische Carl-Alexander-Denkmal: Nur der wiedergefundene Sockel wurde nach erbittertem Rechtsstreit an den alten Platz gestellt, das Standbild selbst bleibt bislang verschwunden.

Die Wiedereröffnung des renovierten Neuen Museums in der Silvesternacht 1998/99 bildete den Auftakt für das Kulturstadtjahr. Gezeigt wurde als Dauerausstellung ein Teil der Sammlungen des Galeristen Paul Maenz. Seither hat das Museum zahlreiche bedeutende Ausstellungen präsentiert, zuletzt im Jahre 2017 zu Ehren des 200. Geburtstags Johann Joachim Winckelmanns, des legendären Kunsthistorikers, dessen Lebenswerk das klassische Weimar so sehr beeinflusst hat, dass Goethe in dem großen Sammelwerk »Winckelmann und sein Jahrhundert« 1805/06 gemeinsam mit seinem Freund Johann Heinrich Meyer daraus eigene Leitlinien für die Kunstgeschichte entwickelt hat.

Zu den die europäische Kulturstadt prägenden Bauten gehört das historische Fürstenhaus am Platz der Demokratie. Das Hauptgebäude der Musikhochschule Franz Liszt erweckte nach seiner Generalsanierung die berechtigte Erwartung, den musikalischen Traditionen Weimars die Kunst des 21. Jahrhunderts hinzuzufügen.

Zudem musste es 1999 selbstverständlich sein, den Leistungen des einst geschmähten Bauhauses den ihnen gebührenden Respekt zu erweisen. Das 1923 nach Entwürfen von Georg Muche errichtete »Haus am Horn« wurde wieder in seinen ursprünglichen Zustand versetzt. Es gehört seit 1996 zum Weltkulturerbe der UNESCO.

1998 begannen die Arbeiten an einem neuen Stadtviertel, das ganz in den Traditionen des Bauhauses gestaltet werden sollte: »Neues Bauen am Horn«. Weimar eröffnete am Theaterplatz in einem einst von Coudray errichteten Kulissenhaus das erste Bauhausmuseum, von dem sich die Stadt 2018 im Zusammenhang mit der Errichtung eines – heftig umstrittenen – monumentalen Bauhaus-Museums wieder verabschiedet hat. Selbstverständlich wurde auch das Hauptgebäude der Bauhaus-Universität umfassend saniert und 1999 in strahlendem Glanz wiedereröffnet.

Zahlreiche Kunstrichtungen fanden Aufmerksamkeit und Eingang in das Sanierungsprogramm: die Mal- und Zeichenschule in der Seifengasse, das Deutsche Nationaltheater, Stadtbücherei und Stadtarchiv, die Volkshochschule, das Hauptstaatsarchiv, das historische Kirms-Krackow-Haus sowie das Museum für Ur- und Frühgeschichte. Im Schloss- und Parkareal von Belvedere wurde nicht nur die historische Bausubstanz saniert, sondern das dort angesiedelte Musikgymnasium erhielt einen prächtigen Neubau mit großem Konzertsaal.

Am 3. September 1999 konnten elf Bauwerke und Gebäudeensembles feierlich in die Liste des Weltkultur- und Weltnaturerbes aufgenommen werden. Das äußere Bild Weimars wandelte sich derart eindrucksvoll, dass weder der Respekt der Bürger noch die Besucher aus aller Welt ausbleiben konnten.

Doch das Kulturstadtjahr bedeutete weit mehr, als der Klassikerstadt eine glänzende Fassade zu geben. Goethe hatte es im »Faust« als der Weisheit letzter Schluss bezeichnet:

»Nur der verdient sich Freiheit wie das Leben,
Der täglich sie erobern muß.«

Und solch ein Gewimmel wollte er erst noch sehen:

»Auf freiem Grund mit freiem Volke stehn.«

Belvedere: Im Neubau des Musikgymnasiums »Franz Liszt« bei einem Konzert.

Die Worte wurden für Weimar ein historisch konkret fassbares Ziel, an dem es hartnäckig zu arbeiten galt. Architektonisches Sinnbild dieser erklärten Absicht wurde zunächst die Errichtung des Kongresszentrums »Neue Weimarhalle«. Doch eine der zentralen Fragen bestand darin, den Januskopf Weimar in seinem im 20. Jahrhundert geschaffenen Gegensatz zwischen Frauenplan und Ettersberg so mit dem historisch gewachsenen Gesamtbild zu verbinden, dass von dieser Stadt künftig der Ruf nach Humanität und Freiheit ausgehen kann.

Ein Ort deutschen Wesens und nationaler Geschichte

Das war zuallererst eine Aufgabe für die Gedenk- und Forschungsstätten der klassischen deutschen Literatur. Die Richtung und den Ton gaben die Geldgeber und Berater aus der alten Bundesrepublik an, im Inhalt maßgeblich beraten durch den Wolfenbütteler Literaturwissenschaftler Paul Raabe. Er erklärte eindeutig: *»Sie brauchen eine geistige Mitte, die nach meiner Überzeugung in der wissenschaftlichen Erforschung der Welt Goethes liege.«* Nichts anderes hatte man in Weimar bisher auch getan, mit divergierender politischer Auslegung oder gar Unterordnung! Worin lag da das Zukunftsweisende? Was sollte die Wissenschaft mit dem modisch gespreizten Schlagwort von der »*Archäologie eines Ortes*« unter den verkrusteten Weimarer Erdschollen mit Spaten und Pinsel hervorholen?

Eines wurde mit dem Kulturstadtjahr deutlich: Weimar hatte sich mit allem, was es dachte und tat, der gesellschaftlichen Ordnung und den geistigen Regeln der Bundesrepublik Deutschland anzupassen. Das eröffnete weite Spielräume. 1991 wurden die Nationalen Forschungs- und Gedenkstätten aus der DDR in die »Stiftung Weimarer Klassik« überführt. Auf den 1992 zum Präsidenten berufenen Bernd Kauffmann, der engagiert, streitbar und visionär in die Zukunft der Stiftung und ihrer Stadt blickte, folgte 2001 Hellmut Th. Seemann. 2003 wurde die Stiftung mit den Kunstsammlungen zur »Klassik Stiftung Weimar« zusammengefasst. Der Chef des Hauses Sachsen-Weimar-Eisenach, Prinz Michael-Benedikt, mit dem Anspruch in das Land seiner Väter zurückgekehrt, ihm zuste-

»KOSMOS WEIMAR«

»Die Klassik Stiftung arbeitet im Spannungsfeld zweier thematischer Schwerpunkte – der namengebenden Klassik und der Klassischen Moderne. Die Weimarer Klassik, im wesentlichen die Zeit, in der Christoph Martin Wieland, Johann Gottfried Herder, Johann Wolfgang Goethe und Friedrich Schiller in Weimar lebten und arbeiteten, gibt das Koordinatensystem vor, in dem sich die Klassik Stiftung bewegt – von den Voraussetzungen und Bedingungen des Entstehens der Weimarer Klassik bis zu den verschiedenen Ausprägungen ihrer Wirkung und Rezeption. Der Schritt in die Moderne, den Weimar – durch das Wirken Franz Liszts vorbereitet – am Ende des 19. und zu Beginn des 20. Jahrhunderts tut, ist nicht nur als Reflex auf die Klassik aufzufassen. Die Klassische Moderne, die mit Friedrich Nietzsche und seiner Rezeption, mit der Tätigkeit Harry Graf Kesslers sowie mit dem Bauhaus Gestalt annimmt, ist wie die Klassik selbst ein Weimarer Ereignis, das die deutsche wie die europäische Kultur und Geschichte bis heute prägt.«
(Auszug aus dem Konzept der Klassik Stiftung Weimar, 2012)

Brand der Anna Amalia Bibliothek am 2. September 2004.

hendes Erbe zu sichern, sprach bei den Wandlungen stets ein gewichtiges Wort mit.

In der Stiftung galt die Hauptaufmerksamkeit zunächst den Finanzen und deren Absicherung durch Persönlichkeiten, denen die Marktbedingungen vertraut waren. Der Bund sowie der Freistaat Thüringen sollten jeweils 45 Prozent der Kosten, die Stadt Weimar 10 Prozent tragen. Es entsprach zwar den kulturpolitischen Erwartungen der deutschen Einheit, dass in Weimar die zweitgrößte deutsche Kulturstiftung entstand – nach der Stiftung Preußischer Kulturbesitz –, aber die »jungen Bundesländer« sollten doch bitteschön erst einmal ihren Beitrag zum Bruttosozialprodukt der Republik leisten! Es dauerte länger als anderthalb Jahrzehnte und ging über die Leistungen für das Kulturstadtjahr hinaus, ehe man an ein umfassendes und millionenschweres Sanierungsprogramm gehen konnte.

Der Bedarf war und ist groß. Bis 1999 wurde so manche Investition auf die schnelle und attraktive Wirkung nach außen

Sanierter Innenraum der Anna Amalia Bibliothek heute.

realisiert. Doch der wahre »Mythos Weimar« benötigte auch in der Gegenwart Geduld. Die Sanierung des Goethe- und Schiller-Archivs, des Goethe-Nationalmuseums oder des Römischen Hauses im Ilmpark wurde bewältigt und eröffnete Perspektiven für die langfristige umfassende Neugestaltung von Goethes Wohnhaus am Frauenplan oder des Stadtschlosses.

Außergewöhnliche Ereignisse bestärkten den Willen der Bürger zum Einsatz für ihre Stadt. Der Brand der gerade erst neu strukturierten »Herzogin Anna Amalia Bibliothek« am 2. September 2004 war besonders tragisch: Alles, was jemals über das Werden und Wachsen dieser Stadt der Literatur und Kunst für die Ewigkeit aufgeschrieben worden ist, drohte ein Raub der Flammen zu werden. Doch die Bürger Weimars stemmten sich dem Unglück ganz persönlich mit all ihrem Mut und Können so energisch entgegen, dass die Rettung der verbliebenen Schätze zu einem nationalen Anliegen mit darauf aufbauender weltweiter Solidarität wurde. Das Feuer brachte unersetzbare Verluste mit sich. Doch bereits im Februar 2005 konnte der Neubau des Studienzentrums der Bibliothek in seiner Kombination aus alter Bausubstanz und einer modernen, dem Bauhaus verpflichteten Struktur eröffnet werden. Und im April 2007, zum 200. Todestag der Herzogin Anna Amalia, wurde die Sanierung des historischen Bibliothekbaus abgeschlossen. Hier gelang eine Rettungsaktion, die in der Geschichte der Stadt ohne Beispiel ist – ein neuer Beweis, dass Weimar mit seinen engagierten Bürgern tatsächlich eine Kulturstadt sein kann.

Zu den Impulsen, die das Kulturstadtjahr auslöste, gehörten auch die Neugestaltung des Schiller-Hauses oder die Einrichtung des Kollegs Friedrich Nietzsche als Stätte des philosophischen »Freien Geistes«. Mit der Würdigung als europäischer Kulturstadt im Jahre 1999 ist ein Signal gegeben worden, das nun bereits zwei Jahrzehnte nachwirkt. Die traditionell strittigen Probleme im Wechselverhältnis zwischen der kleinen Provinzstadt und dem weltläufigen Geist des klassischen Anspruchs treten immer wieder einmal auf. Aber erstmals in der Geschichte gibt es einen offenen Diskurs über die historische Janusköpfigkeit dieser Stadt.

Mit der beginnenden Generalsanierung des Residenzschlosses und der anhaltenden Erneuerung aller wichtigen Stätten des klassischen Erbes zieht ein moderner Geist in die Stadt ein, der Weltoffenheit und anschwelende Gästeströme verspricht.

Die Forschungs- und Gedenkstätten Buchenwald auf dem Ettersberg sind mit ihrer Erinnerung an eines der dunkelsten Kapitel deutscher Geschichte heute ein organischer Bestandteil der Bestrebungen, Weimar als Ort zu verinnerlichen, dessen Gesamtentwicklung im realen Kontext der komplizierten deutschen Vergangenheit steht.

Der historische Zusammenhang trifft auch auf die Würdigungen zum 100. Jahrestag des Weimarer Bauhauses im Jahre 2019 zu. Einst mit hohem idealistischem und künstlerischem Einfühlungsvermögen in die Moderne in Weimar installiert, danach von den nationalistischen und engstirnigen politischen Kräften aus der Stadt vertrieben, haben sich die Stadt und die »Klassik Stiftung« das Erbe des Bauhauses zu eigen gemacht:

Anlässlich des 100-jährigen Jubiläums des 1919 in Weimar gegründeten Staatlichen Bauhauses eröffnete 2019 das neue Bauhaus-Museum Weimar.

Unter vielfältigen Widersprüchen und Diskussionen, wie es stets Weimarer Art war und ist, wurde im April 2019, gleichzeitig mit dem sanierten »Neuen Museum«, das monumentale Bauhaus-Museum an die Stadt und ihre streitbaren Bürger übergeben.

Da steht nun der weiße Betonkubus in einem Areal neben dem »Neuen Museum«, dem ehemaligen »Gauforum« und dem Konsumpalast »Atrium« – im Stadtbild weit entfernt von den klassischen Stätten Alt-Weimars. Hoch klang in den Tagen der Eröffnung des Bauhaus-Museums das lobpreisende Lied der modernen Kunst, geradezu ideal für alle Lebensäußerungen und geistigen wie praktischen Ansprüche auch des einfachen Volkes in der globalen Marktwirtschaft. Das Bauhaus-Museum wird im Jahre 2019 in der offiziellen Würdigung als Sensation gefeiert. Die Nachhaltigkeit wird sich erst im geistig-künstlerischen Wettstreit mit der klassischen Tradition dieser Stadt erweisen. Mit der Wahl der aus dem thüringischen Gera stammenden bisherigen Leiterin der Mannheimer Kunsthalle, Ulrike Lorenz, zur Präsidentin der »Klassik Stiftung« werden

Schloss Belvedere: Die gesamte Anlage einschließlich des Parks mit seinen vielen exotischen Gewächsen wurde 1998 als Teil des Ensembles »Klassisches Weimar« von der UNESCO zum Weltkulturerbe erklärt.

große Erwartungen verbunden. Sie kündigte bereits vor ihrem Dienstbeginn in Weimar einen »*Perspektivwechsel*« an. Sie wolle den Blick weg von der »*reinen Konstruktion und Rekonstruktion*« hin zu dem richten, »*was uns unmittelbar in der Gegenwart beschäftigt*«. Die guten Wünsche der Kulturbürger sind ihr gewiss, augenzwinkernd und mit dem Goethe-Wort: »*Im Anfang war die Tat!*«

Viele Frauen haben das historische Gesicht Weimars mit geformt. Zwei von ihnen genießen die Gunst der Bürger, den Platz Weimars entscheidend und nachhaltig geprägt zu haben: die Regentin Anna Amalia, die der Idee des »Musenhofs« praktische Gestalt verliehen hat, und die Erbin des Goethe-Nachlasses, Großherzogin Sophie, die mit dem Bau des Goethe- und Schiller-Archivs der Erforschung und Verbreitung des klassischen Erbes breite Bahnen eröffnet hat. Auch das Wirken der Großherzogin Maria Pawlowna für die Förderung Weimars als Stadt bedeutender Musikpflege war beachtenswert. Es wäre zu schön, wenn Ulrike Lorenz diese innovativen Traditionen zu neuem Glanz führen könnte!

Herzogliche Residenz – literarische Klassik – Musik- und Kunststadt, Bauhaus. Und immer wieder Goethe, Schiller, Wieland und Herder: Das sind die Stichworte, an denen sich das heutige städtische gesellschaftliche Leben Weimars in reichhaltiger Weise und weltweit anerkannt orientiert: im Deutschen Nationaltheater, in den Parks und Schlössern an der Ilm, in Belvedere, Ettersburg oder Tiefurt, beim jährlichen Kunstfest, im Spiegelzelt auf dem Beethovenplatz, im Stadtmuseum, im Goethe-Institut, in zahllosen Vereinen, Freundeskreisen und Gesellschaften … Weimar ist eine kulturvolle und lebendige kleine Stadt mit Weltruf – heute mehr denn je. Denn das ist das erstaunlichste Phänomen: So vielfältig der »Mythos Weimar« in der Geschichte gewachsen und umjubelt, gebeutelt, missbraucht und instrumentalisiert worden ist – er hat als reale Kulturstadt alle Grenzen und Systeme mit Lorbeerkränzen und Blessuren überlebt und in unserer heutigen Zeit eine solche Anerkennung gefunden, dass die Bürger der Stadt sich den Gästen aus aller Welt mit kritischem Verstand und Selbstbewusstsein präsentieren können. Der Ettersberg mahnt, wie zerbrechlich diese Welt sein kann.

Doch gestehen wir es uns ein: Wer durch die so hübsch sanierten Gassen geht, die weitläufigen Parkanlagen an der Ilm oder Belvedere durchstreift oder ergriffen vor den steinernen Zeugen der Vergangenheit steht, der spürt noch immer den liebenswerten Geist von Alt-Weimar. Wir wollen modern sein und haben alles bereits fein säuberlich digitalisiert. Doch die sonntäglichen Spaziergänge Anna Amalias auf der Esplanade, bei denen sie den staunenden Weimaranern ihr neuestes Schuhwerk präsentiert hat – auch sie leben in der Erinnerung weiter und wecken vielleicht sogar eine gewisse Wehmut nach vergangenen Tagen. So sind wir Deutschen nun einmal, gerade in Weimar.

Anhang

Zeittafel

Vor ca. 150.000 Jahren:	Eiszeitliche Jäger um den Ehringsdorfer Urmenschen
453–531	Thüringer Königreich
534	Ermordung des thüringischen Kgs. Herminafried
899	Erste urkundliche Erwähnung der Siedlung »Vvigmara«
984	Erste Erwähnung einer (hölzernen) Weimarer Burg
1060	Weimar geht in den Besitz der Grafen von Orlamünde ein
1168	Erstmalige Erwähnung der »Jakobskirche« auf dem Jakobshügel
um 1230/50	Mutmaßliche Stadtgründung durch die Grafen von Weimar und Orlamünde unter Vereinigung der drei Siedlungskerne Burgbezirk, Jakobshügel und Oberweimar: der Löwe erscheint als Wappentier
1245–49	Bau der Stadtkirche St. Peter und Paul
1348	Erwähnung eines städtischen Rates
1372	Aussterben des Geschlechtes der Grafen von Weimar-Orlamünde: Weimar geht an das Haus Wettin über
1382	Bei der Landesteilung der Wettiner in Chemnitz kommt die Stadt zum thüringischen Teil des wettinischen Besitzes
1410	Ldgf. Friedrich gibt der Stadt das Stadtrecht, »wie es die Stadt Weißensee besitzt«, und bezieht sie damit in die Rechtsfamilie der landgräflich-thüringischen Städte ein
1424	Ein Feuer vernichtet die halbe Stadt mit dem Schloss, der Stadtkirche sowie dem Rathaus; der größte Teil der Einwohner verliert Haus und Besitz
1439	Wiederaufbau der Burg unter dem Namen »Hornstein«
1445	Die Stadt wird bevorzugte Residenz von Hzg. Wilhelm III.
1485	Bei der Teilung des Besitzes zwischen den Brüdern Ernst und Albert aus dem Hause Wettin in Leipzig fällt Weimar an den Teil, den Ernst mit dem Kurland und der Kurwürde erhält; in diesem Ernestinischen Sachsen wird Weimar eine Nebenresidenz
1498	Die Stadtkirche wird als dreischiffige Hallenkirche im spätgotischen Stil neuerrichtet
1513	Weimar wird unter Kfst. Johann dem Beständigen offizielle Nebenresidenz der Ernestiner
1518	Martin Luther kommt zum ersten Mal nach Weimar

1547	Während des Schmalkaldischen Krieges wird Kfst. Johann Friedrich von Sachsen in der Schlacht bei Mühlberg gefangengenommen und verliert das Kurland und die Kurwürde; Weimar wird dauernde Residenz des den Ernestinern verbleibenden Besitzes
1552	Der geschlagene ehemalige Kfst. von Sachsen Johann Friedrich der Großmütige kehrt aus kaiserlicher Gefangenschaft nach Weimar zurück; mit ihm kommt Lucas Cranach d. Ä.
1553	Tod Cranachs in Weimar, ein Jahr später folgt Hzg. Johann Friedrich
1613	»Thüringer Sintflut«: Die Ilm steigt um 8 m, bringt Brücken zum Einsturz und reißt 44 Wohnhäuser sowie Mühlen mit sich fort; 65 Menschen und 200 Stück Vieh ertrinken
1617	Die »Fruchtbringende Gesellschaft« zur Förderung und Pflege der deutschen Sprache und Literatur wird in Weimar gegründet
1618	Ein Großbrand vernichtet das Schloss, das bis 1662 unter Johann Moritz Richter wieder aufgebaut wird und den Namen Wilhelmsburg erhält; vorübergehend dient das Rote Schloss als herzogliche Residenz
1653	Este Erwähnung des Weimarer Zwiebelmarktes
1691	Gründung der Fürstlichen Bibliothek
1708–17	Johann Sebastian Bach wirkt als Hoforganist und Konzertmeister der Hofkapelle in Weimar
1737	In dem im Cranachhaus ansässigen Verlag von Siegmund Heinrich Hoffmann erscheint die erste umfassende Geschichte der Stadt unter dem Titel »Historische Nachrichten von der berühmten Residenzstadt Weimar« von Gottfried Albin Wette
1741	Mit dem Aussterben des Eisenacher Herzoghauses geht dessen Land in den Besitz des Hzgs. von Sachsen-Weimar über; Weimar wird Hauptstadt des Herzogtums Sachsen-Weimar-Eisenach
1756	Anna Amalia von Braunschweig-Wolfenbüttel heiratet Hzg. Ernst-August Constantin von Sachsen-Weimar
1758	Tod Ernst-Augusts kurz nach der Geburt seines Sohnes Carl August; Hzgin. Anna Amalia übernimmt die Regentschaft
1760	Das Grüne Schloss wird zum Bibliotheksgebäude umgestaltet und nimmt 1766 die herzogliche Bibliothek auf, die bis heute dort ihren Platz hat (Anna Amalia Bibliothek)
1772	Christoph-Martin Wieland kommt als Erzieher des Prinzen Carl-August nach Weimar
1774	Schloss »Wilhelmsburg« brennt nieder
1775	Hzg. Carl-August übernimmt die Regentschaft von seiner Mutter; im November trifft Johann Wolfgang Goethe in Weimar ein
1776	Johann Gottfried Herder kommt als Superintendent nach Weimar
1778	Der Hzg. beginnt mit der systematischen Gestaltung des Ilmparks zu einer englischen Gartenlandschaft

1787	Friedrich Schiller besucht zum ersten Mal Weimar
1789–1803	Wiederaufbau des Residenzschlosses
1791	Gründung des Landes-Industrie-Comptoirs durch Friedrich Justin Bertuch; Gründung des Weimarer Hoftheaters unter Goethes Leitung
1794	Goethe und Schiller vereinigen sich zur »Weimarer Klassik«
1799	Schiller zieht endgültig nach Weimar
1803	Tod Herders
1804	Erbprz. Carl Friedrich heiratet die russische Großfürstin Maria Pawlowna
1805	Tod Schillers
1806	Schlacht bei Jena und Auerstedt; Besetzung Weimars durch napoleonische Soldaten; Beitritt zum Rheinbund
1807	Tod Hzgin. Anna Amalias
1809	Erste landständische Verfassung für Weimar
1810	Für Weimar wird eine Stadtordnung erlassen, die bürgerliche Rechtsverhältnisse schafft; gegen eine Entschädigung von 8800 Talern tritt die Stadt die Gerichtsbarkeit an den Landesherrn ab
1815	Auf dem Wiener Kongress wird Weimar zum Großherzogtum erhoben
1816	Großhzg. Carl August erlässt eine Verfassung mit bürgerlichen Grundrechten; Clemens Wenzeslaus Coudray wird als großherzoglicher Oberbaudirektor verpflichtet und gibt mit seiner Tätigkeit der Stadt das unverwechselbare klassizistische Aussehen
1817	Treffen der Studenten auf der Wartburg bei Eisenach; Gründung der Jenaer Urburschenschaft
1819	Johann Nepomuk Hummel wird als Hofkapellmeister auf Lebenszeit nach Weimar berufen; sein Wirken gibt dem hiesigen Musikleben einen großen Aufschwung; Karlsbader Beschlüsse: Verbot der Burschenschaften und demokratischer Zeitungen
1822–25	Errichtung der Weimarer Fürstengruft
1825	Gründung eines öffentlichen Kunstmuseums
1828	Tod Großhzg. Carl Augusts; Sohn Carl Friedrich tritt das Erbe auf dem Thron an
1832	Tod Goethes in seinem Haus am Frauenplan
1842	Franz Liszt wird zum Hofkapellmeister ehrenhalber ernannt und bleibt mit Unterbrechungen bis 1861 in der Stadt
1846	Weimars Bahnhof wird eröffnet
1847	Die Stadt Weimar erwirbt das Schillerhaus und richtet dort ein Museum ein
1849	100. Geburtstag Goethes
1850	Landesverfassung des Großherzogtums Sachsen-Weimar-Eisenach; Uraufführung von Wagners Lohengrin in Weimar; das

	Herder-Denkmal von Ludwig Schaller wird vor der Stadtkirche St. Peter und Paul aufgestellt
1853	Tod Großhzg. Carl Friedrichs; Sohn Carl Alexander besteigt den Thron
1854	Gründung des Sophienstifts, durch das der Höhere Unterricht für Mädchen ermöglicht wird
1857	Das Goethe- und Schiller-Denkmal auf dem Theaterplatz und das Wieland-Denkmal werden feierlich enthüllt, Grundsteinlegung für das Carl-August-Reiterstandbild vor dem Fürstenhaus
1860	Gründung der Großherzoglichen Kunstschule an der Marienstraße und Neubau
1861	Gründung des Allgemeinen Deutschen Musikvereins (ADMV) in Weimar, Uraufführung der Nibelungen-Trilogie; Liszt geht nach Rom
1864	Gründung der Deutschen Shakespeare-Gesellschaft in Weimar
1865	Einweihung des Großherzoglichen Museums (heute: Neues Museum)
1869	Liszt kehrt nach Weimar zurück und wohnt in der »Hofgärtnerei«
1872	Gründung der ersten deutschen Orchesterschule
1875	Enthüllung des Carl-August-Denkmals
1885	Das Goethe-Nationalmuseum und das Goethe-Archiv werden gegründet, die Goethe-Gesellschaft entsteht
1889	Der Nachlass Schillers wird mit dem Erbe Goethes zum Goethe- und Schiller-Archiv vereint; Richard Strauss kommt als zweiter Hofkapellmeister nach Weimar (bis 1894)
1896	Der von Großhzgin. Sophie finanzierte neoklassizistische Neubau des Goethe- und Schiller-Archivs wird seiner Bestimmung übergeben
1897	Der bereits geistig umnachtete Friedrich Nietzsche kommt mit seiner Schwester Elisabeth Förster-Nietzsche nach Weimar und wohnt in der Villa Silberblick
1899	In Weimar fährt eine Straßenbahn, die erst mit Pferden, später elektrisch betrieben wird
1900	Tod Nietzsches in Weimar
1901	Tod Großhzg. Carl Alexanders; die bedeutende und lang anhaltende nachklassische (»silberne«) Zeit Weimars geht zu Ende
1902	Als Berater für Industrie und Kunstgewerbe wird Henry van de Velde durch den Großhzg. nach Weimar berufen; der Mitte des Jahres zur Erneuerung von Kunst und Kunstgewerbe nach Weimar berufene Harry Graf Kessler übersiedelt in die Stadt
1906	Im Museum für Kunst- und Kunstgewerbe wird eine Ausstellung mit Werken des französischen Bildhauers Auguste Rodin eröffnet, die in einen Skandal mündet und zu Kesslers Entlassung führt
1908	Einweihung des neuen Hoftheaters

1912–14	Errichtung des Schloss-Südflügels
1913	Kessler gründet die Cranach-Presse in Weimar (bis 1931)
1918	Der letzte Weimarer Großhzg. Wilhelm Ernst muss abdanken
1919	Im kurz zuvor proklamierten »Deutschen Nationaltheater« tagt das erste frei gewählte Parlament, die Nationalversammlung der Weimarer Republik, und verabschiedet die erste demokratische Verfassung für Deutschland; Walter Gropius bewirkt die Vereinigung der Hochschule für bildende Kunst und der Kunstgewerbeschule zum »Staatlichen Bauhaus in Weimar«; das Bauhaus entwickelt sich zu einer Kunstschule der Moderne; Lyonel Feininger, Wassily Kandinsky, Paul Klee, László Moholy-Nagy u. a. wirken bis 1925 in Weimar
1920	Weimar wird (bis 1952) Landeshauptstadt des neu gegründeten Landes Thüringen
1923	Leistungsschau des Bauhauses in Weimar: Haus am Horn als Prototyp
1925	Der Meisterrat erklärt das »Staatliche Bauhaus« mit Wirkung vom 1. April für aufgelöst; es verlegt seinen Sitz nach Dessau
1926	Die NSDAP hält ihren ersten Parteitag in Weimar ab
1932	Deutschland und Weimar feiern den 100. Todestag Goethes mit einem »Welt-Goethe-Jahr«; bei den Thüringer Landtagswahlen wird die NSDAP mit 42,5 % stärkste Partei und bildet mit dem Thüringer Landbund die erste nationalsozialistische Regierung in Deutschland mit Sitz in Weimar
1937	Die Nationalsozialisten errichten auf dem Ettersberg bei Weimar das Konzentrationslager Buchenwald; der Stadtrat stimmt einem Antrag des Reichsstatthalters in Thüringen Sauckel um Eingemeindung des Forstbezirkes Ettersburg und des KZ Buchenwald in die Stadt zu; Beginn der Arbeiten an dem nie vollendeten Großprojekt des »Gauforums«; reichsweite Abhängung der »Entarteten Kunst«; Grundsteinlegung für die Nietzsche-Gedächtnishalle. Wiederaufbau des »Hotels Elephant« mit Hitlers Unterstützung; im April ist die Ausstellung »Entartete Kunst« in Weimar zu sehen; letzte Tagung der Goethe-Gesellschaft vor dem Krieg
1945	Teile der Innenstadt werden im Februar durch Luftangriffe der Alliierten zerstört; im April wird das KZ Buchenwald befreit; Weimar wird kampflos an die Amerikaner übergeben; die sowjetische Besatzungsmacht richtet im ehemaligen KZ das »Speziallager Nr. 2« ein
1946	Weimar wird von der neu gegründeten SED als Geburtsort der sozialistischen Kulturpolitik in der Sowjetischen Besatzungszone und nachfolgenden DDR betrachtet; Wiedereröffnung der Hochschule für Baukunst und Bildende Künste; Wiederherstellung des zerstörten Schillerhauses

1948	Das im Krieg schwer beschädigte Deutsche Nationaltheater wird mit Goethes »Faust« feierlich wieder eröffnet; Beginn der Wiedererrichtung der zerstörten Stadtkirche St. Peter und Paul
1949	Zu Goethes 200. Geburtstag präsentiert sich Thomas Mann in Frankfurt am Main und in Weimar als Dichter der ganzen deutschen Kulturnation; das teilweise zerstörte Goethehaus am Frauenplan öffnet wieder
1953	Gründung der Nationalen Forschungs- und Gedenkstätten der klassischen deutschen Literatur in Weimar
1954	Erste Hauptversammlung der gesamtdeutschen Goethe-Gesellschaft nach dem Krieg; Richtungswechsel und Umbenennung der Hochschule in »Hochschule für Architektur und Bauwesen«
1955	Schillerjahr: Aus Anlass des 150. Todestags des Dichters spricht Thomas Mann erneut in Nürnberg und im Weimarer Deutschen Nationaltheater
1958	Einweihung der Nationalen Mahn- und Gedenkstätte Buchenwald
1988	Eröffnung eines Schillermuseums hinter dem restaurierten Schillerhaus
1989	Durch die politische Wende und den nachfolgenden Beitritt der DDR zum Geltungsbereich des Grundgesetzes der BRD wandelt sich das gesamte politische, wirtschaftliche und kulturelle Leben Weimars; Konstituierung des Thüringer Landtags im Nationaltheater
1991	Die Nationalen Forschungs- und Gedenkstätten aus der DDR werden in die »Stiftung Weimarer Klassik« überführt
1993	Weimar wird zur »Europäischen Kulturstadt« 1999 ernannt
1996	Das 1919–25 in Weimar angesiedelte Bauhaus wird in die Welterbeliste der UNESCO aufgenommen; Gründung der Bauhaus-Universität
1998	Die Stätten der klassischen deutschen Literatur Weimars werden in die Welterbeliste der UNESCO aufgenommen
1999	Weimar ist »Europäische Kulturhauptstadt«; man feiert den 250. Geburtstag Goethes
2002	Die Handschriften Goethes werden von der UNESCO in das Register des Gedächtnisses der Menschheit aufgenommen
2004	Ein Feuer in der Anna Amalia Bibliothek vernichtet etwa 50.000 alte Bücher und richtet einen nicht wieder zu ersetzenden Schaden an
2005	Das Jahr des 200. Todestages Schillers begehen Deutschland und Weimar mit einem Schiller-Jahr
2007	Wiedereröffnung der Herzogin Anna Amalia Bibliothek
2016	Weimar hat 64.355 Einwohner (Stand: 31.12.2016)
2019	Würdigung des 100. Jahrestags des Weimarer Bauhauses durch die geplante Eröffnung eines Bauhaus-Museums

Ernestinische Kurfürsten von Sachsen

Ernst (1441–86; reg. 1464–86)
Friedrich III. der Weise (1463–1525; reg. 1486–25)
Johann der Beständige (1468–1532; reg. 1525–32)
Johann Friedrich der Großmütige (1503–54; reg. 1532–47)

Herzöge von Sachsen-Weimar

Johann Wilhelm I. (1530–73; reg. 1572–73, ab 1554 Hzg. von Sachsen)
Friedrich Wilhelm I. (1562–1602; reg. 1573–1602, bis 1586 unter Vormundschaft)
Johann III. (1570–1605; reg. 1602–05)
Johann Ernst I. der Jüngere (1594–1626; reg. 1605–20 [1626], bis 1615 unter Vormundschaft)
Wilhelm IV. (1598–1662; reg. [seit 1620 als Regent] 1626–62)
Johann Ernst II. (1627–83; reg. 1662–83)
Johann Ernst III. (1664–1707; reg. 1683–1707)
Wilhelm Ernst (1662–1728; reg. 1683–1728)
Ernst August I. (1688–1748; reg. 1707–41 [1748], ab 1741 auch Hzg. von Sachsen-Weimar-Eisenach)

Herzöge von Sachsen-Weimar-Eisenach

Ernst August II. Konstantin (1737–58; reg. 1748–58)
Carl August (1757–1828; reg. 1757–1815, bis 1775 unter Vormundschaft seiner Mutter, der Regentin Anna Amalia)

Großherzöge von Sachsen-Weimar-Eisenach

Carl August (1757–1828; reg. 1815–28)
Carl Friedrich (1783–1853; reg. 1828–53)
Carl Alexander (1818–1901; reg. 1853–1901)
Wilhelm Ernst (1876–1923; reg. 1901–18)

Chefs des Hauses Sachsen-Weimar-Eisenach seit 1918

Karl August (1912–88, bis 1918 letzter Erbgroßhzg. von Sachsen-Weimar-Eisenach
Michael-Benedikt Georg Jobst Karl Alexander Bernhard Claus Frederick Prinz von Sachsen-Weimar-Eisenach (* 1946; bis 2018 als Chef des Hauses Sachsen-Weimar-Eisenach, zugleich der Senior des Gesamthauses Wettin)

Der designierte Nachfolger Prinz Michaels, Georg-Constantin Prinz von Sachsen-Weimar-Eisenach, ist 2018 im Alter von 41 Jahren bei einem Reitunfall in England ums Leben gekommen. Das Haus Sachsen-Weimar-Eisenach und das Gesamthaus Wettin setzt die bisherige Erbfolge nach salischem Recht auf unbestimmte Zeit aus.

Leonie Mercedes Augusta Silva Elisabeth Margarethe Prinzessin von Sachsen-Weimar-Eisenach, Herzogin zu Sachsen, Gräfin Wettin (* 1986) übernahm kommissarisch und ohne zeitliche Beschränkung die Rechte und Pflichten als designierte Hauschefin.

Bei Wiedereinsetzung des salischen Erbfolgerechts käme als künftiger Chef des Hauses zunächst Wilhelm Ernst Prinz von Sachsen-Weimar-Eisenach (* 1946) ins Gespräch. Prinzessin Leonie hat bereits im Januar 2018 die Nachfolge ihres Vaters im Stiftungsrat der Klassik Stiftung Weimar übernommen.

Bildnachweis

akg-images: 82, 111 (Westfälisches Museum Dortmund), 116
Alamy Stock Foto: 42 (Westend61 GmbH), 35 (Werner Otto)
Architektur-Bildarchiv: 107
Archiv Verlag: 97
Bildarchiv Preußischer Kulturbesitz: 31 (Deutsches Historisches Museum Berlin/Arne Psille), 58 (Klassik Stiftung Weimar/Olaf Mokansky)
Bundesarchiv: 148
Claus Bach: 154
Gerold Herzog (Musikgymnasium Schloss Belvedere): 164
https://commons.wikimedia.org: 19, 23, 33, 34, 36 (by Wolfgang Sauber – Own work, CC BY-SA 4.0), 42, 54, 83, 120 (von Most Curious – Eigenes Werk, CC BY-SA 3.0), 132, 133 (by Bybbisch94-Christian Gebhardt – Own work, CC BY-SA 4.0), 158 (von © R.Möhler – Originally posted to Panoramio as Theater-Kubus im Ilmpark (Spielstätte des Kulturstadtjahrs 1999), CC BY-SA 3.0)
Klassik Stiftung Weimar (Bestand Fotothek): 47, 63, 95, 167 (Olaf Mokansky), 170 (Alexander Burzik)
Pixelio: 162 (Teknik151)
Staatliche Kunstsammlung Dresden: 75
Staatsbibliothek Bamberg: 14 (Msc. Lit.1, fol. 126v)
Stadtarchiv Weimar: 129
Stepmap: 172/173 (@ Stepmap, 123map · Daten: OpenStreetMap, Lizenz ODbL 1.0, 25. Jul 2019)
ullstein-bild: 87, 157 (Mahns-Techau), 160/161 (Christian Bach), 166 (globalmoments), 169 (globalmoments)

Literatur (in Auswahl)

Ahrend, Dorothee (Text), Roland Krawulsky (Foto): Weimarer Parks, Leipzig 2013.
Antlitz des Schönen. Klassizistische Bildhauerkunst im Umkreis Goethes, Rudolstadt 2003.
Beck, Barbara: Auf den Spuren der Großherzöge von Sachsen-Weimar-Eisenach – Bilder und Skizzen aus einem deutschen Fürstenhaus. Herausgegeben von Prinz Michael-Benedikt. Fotografien von Christian Seeling, Weimar/Wiesbaden 2016.
Berger, Joachim: Anna Amalia von Sachsen-Weimar-Eisenach (1739–1807). Denk- und Handlungsräume einer aufgeklärten Herzogin, Heidelberg 2003.
Biedrzynski, Effi: Goethes Weimar. Das Lexikon der Personen und Schauplätze, Zürich 1994.
Bilder der Zerstörung. Weimar 1945. Fotos von Günther Beyer. Katalog zur Sonderausstellung im Stadtmuseum Weimar. Hg. vom Stadtmuseum. Texte: Jens Riederer. Weimar 2015.
Bonski, Franziska/Seemann, Hellmut Th./Valk, Thorsten (Hg.): Mens et Manus – Kunst und Wissenschaft an den Höfen der Ernestiner, in: Klassik Stiftung Weimar, Jahrbuch 2016, Göttingen 2016.
Borchmeyer, Dieter: Weimarer Klassik – Portrait einer Epoche, Weinheim 1994.
Bosse, Hannes: Clemens Wenzeslaus Coudray. Architekt und Stadtplaner des Klassizismus, Weimar 2007.
Bothe, Rolf: Dichter, Fürst und Architekten. Das Weimarer Residenzschloß vom Mittelalter bis zum Anfang des 19. Jahrhunderts. Ostfildern 2000.
Böttiger, Karl August: Literarische Zustände und Zeitgenossen. Begegnungen und Gespräche im klassischen Weimar, Berlin 1998.
Breidbach, Olaf/Manger, Klaus/Schmidt, Georg (Hg.): Ereignis Weimar-Jena. Kultur um 1800, Paderborn 2015.
Christiane von Goethe. Zum 200. Todestag, hg. v. Freundeskreis Goethe Nationalmuseum Weimar e. V., Weimar 2016.
Damm, Sigrid (Hg.): Christiane Goethe Tagebuch 1816 und Briefe. Nach der Handschrift, Frankfurt am Main und Leipzig 1999.
Dies.: Goethes Freunde in Gotha und Weimar, Berlin 2014.
Die Cranach Werkstadt in Weimar. Bild und Bekenntnis, in: Klassik Stiftung Weimar, Jahrbuch 2015.
Die große Stadt – Das kulturhistorische Archiv von Weimar-Jena, hg. v. Volker Wahl, Jena 2008–2017.
Dmitrieva, Katja/Klein, Viola (Hg.): Maria Pavlovna. Die frühen Tagebücher der Erbherzogin von Sachsen-Weimar-Eisenach, Köln/Weimar/Wien 2000.
Dolgner, Dieter: Die Architektur der Goethezeit in Weimar, Weimar 1999.
Dreßler, Roland/Klauß, Jochen: Weimarer Friedhöfe, Weimar etc. 1996.
Ebersbach, Volker: Carl August von Sachsen-Weimar-Eisenach. Goethes Herzog und Freund, Köln Weimar–Wien 1998.
Eckermann, Johann Peter: Gespräche mit Goethe in den letzten Jahren seines Lebens, Berlin und Weimar 1984.
Ereignis Weimar. Anna Amalia, Carl August und das Entstehen der Klassik 1757–1807. Katalog zur Ausstellung im Schlossmuseum Weimar, Weimar 2007.
Ehrlich, Lothar/Schmidt, Georg (Hg.): Ereignis Weimar-Jena. Gesellschaft und Kultur um 1800 im internationalen Kontext, Köln–Weimar–Wien 2008.
Freyer, Stefanie/Horn, Katrin/Grochowina, Nicole (Hg.): Frauengestalten Weimar-Jena um 1800. Ein bio-bibliografisches Lexikon, Heidelberg 2000.
Gersdorff, Dagmar von: Goethes Enkel Walther, Wolfgang und Alma, Frankfurt am Main–Leipzig 2008.

Gesky; Franz David: Weimar von unten betrachtet. Bruchstücke einer Chronik zwischen 1806 und 1835, hg. v. Hubert Enzmann u. Rainer Wagner, Jena 1997.
Goethe, Johann Wolfgang v.: Werkausgabe (Sophienausgabe), Weimar 1897 ff.
Ders.: Briefe Tagebücher Gespräche, CD-ROM – Digitale Bibliothek, Berlin 1998.
Golz, Jochen (Hg.): Das Goethe- und Schiller-Archiv 1896–1996. Beiträge aus dem ältesten deutschen Literaturarchiv, Weimar–Köln–Wien 1996.
Göres, Jörn (Hg.): Der Maler Georg Melchior Kraus (1733–1806). Goethe-Museum, Düsseldorf 1983.
Günther, Gitta/Huschke, Wolfram/Steiner, Walter: Weimar – Lexikon zur Stadtgeschichte, Weimar 1998.
Günther, Gitta/Wagner, Rainer. Weimar: Straßennamen, Ilmenau 2012.
Günther, Gitta/Wallraf, Lothar (Hg.): Bibliographie zur Geschichte der Stadt Weimar, Weimar 1982.
Dies. (Hg.): Geschichte der Stadt Weimar, Weimar 1975.
Günther, Gitta: Ehrenbürger der Stadt Weimar. Ein Beitrag zur Stadtgeschichte, Weimar 2011.
Günther, Gitta-Maria: Weimar. Eine Chronik, Leipzig 1996.
Günzel, Klaus: Das Weimarer Fürstenhaus. Eine Dynastie schreibt Kulturgeschichte, Köln–Weimar–Wien 2001.
Hecker, Bernhard: Weimar Anekdoten. Von Würsten, Fürsten, Goethe, Liszt und Tücke, Stuttgart 1998.
Hecker, Jutta: Wunder des Worts. Leben im Banne Goethes, Berlin 1999.
Heinrich, Wolfgang u. a.: Wanderungen um Weimar zu geografischen, geologischen, botanischen, ur- und frühgeschichtlichen historischen und kunsthistorischen Sehenswürdigkeiten, Weimar 1991.
Heinz, Jutta/Golz, Jochen (Hg.): »Es ward als ein Wochenblatt zum Scherze angefangen«. Das Journal von Tiefurt, in: Schriften der Goethe-Gesellschaft, hg. v. Jochen Golz, Bd. 74, Göttingen 2011.
Herder, Johann Gottfried: Sämtliche Werke, hg. v. Bernhard Suphan, Bd. XXXI, Poetische Werke, Hildesheim–Zürich–New York 1994.
Herfurth, Dietrich/Klauss, Jochen/Klee, Jürgen: Im Zeichen des Weißen Falken. Sachsen-Weimar-Eisenach im Lichte seiner Orden und Ehrenzeichen, Weimar–Berlin 2012.
Henze, Hannelore (Mitarbeit: Ilse-Sibylle Stapf): Streifzüge durch das alte Weimar, Weimar 2004.
Huschke, Wolfgang: Die Geschichte des Parks von Weimar, Weimar 1951.
Ders.: Musik im klassischen und nachklassischen Weimar, Weimar 1982.
»Ihre Kaiserliche Hoheit« – Maria Pawlowna – Zarentochter am Weimarer Hof. Katalog und CDRom zur Ausstellung im Weimarer Schlossmuseum, hg. v. der Stiftung Weimarer Klassik und Kunstsammlungen, Weimar 2004.
Jena, Detlef: Carl Friedrich. Großherzog von Sachsen-Weimar-Eisenach, Regensburg 2013.
Ders.: Das Weimarer Quartett. Die Fürstinnen Anna Amalia, Louise, Maria Pawlowna, Sophie, Regensburg 2007.
Ders.: Maria Pawlowna. Großherzogin an Weimars Musenhof, Graz u. a.–Regensburg 1999.
Ders.: Wie das Vorüberschweben eines leisen Traumbilds. Goethe, Weimar und das Wörlitzer Gartenparadies, Weimar–Wiesbaden 2017.
Jeßing, Benedikt/Lutz, Bernd/Wild, Inge (Hg.): Metzler Goethe Lexikon. Personen – Sachen – Begriffe, Stuttgart–Weimar 2004.
Kahl, Paul/Kalvelage, Hendrik (Hg.): Das Goethe-Nationalmuseum in Weimar, 2 Bände, Göttingen 2016 und 2018.

Kaiser, Gerhard R./Seifert, Siegfried (Hg.): Friedrich Justin Bertuch (1747–1822): Verleger, Schriftsteller und Unternehmer im klassischen Weimar, Tübingen 2000.
Klauss, Jochen: Alltag im »klassischen« Weimar, Weimar 1990.
Ders.: »Ich war heut glücklich im Zeichnen«. Goethes Thüringer Ansichten, Rudolstadt 1997.
Ders.: Weimar. Stadt der Dichter, Denker und Mäzene. Von den Anfängen bis zu Goethes Tod, Düsseldorf–Zürich 1999.
Knoche, Michael: Die Herzogin Anna Amalia Bibliothek, Berlin 2013.
Koch, Karl: Ach Weimar, geliebtes Weimar. Literarische, musikalische und theologische Spaziergänge durch die Klassikerstadt, Nordhorn 2010.
Kruse, Christiane: Wer lebte wo in Weimar? Würzburg 2010.
Kuhles, Doris (Bearb.)/Standke, Ulrike (Mitarb.): Journal des Luxus und der Moden 1786–1827. Analytische Bibliographie mit sämtlichen 517 schwarzweißen und 976 farbigen Abbildungen der Originalzeitschrift, 3 Bde., München 2003.
Leis, Mario (Hg.): »Der wunderbarste Ort von der Welt«. Gartenglück mit Johann Wolfgang Goethe, Berlin 2015.
Ders.: Graf Goertz. Der große Unbekannte. Eine Entdeckungsreise in die Goethezeit. Berlin 2010.
Liszt, Franz: De la Fondation. Goethe à Weimar – Zur Goethestiftung in Weimar. Jahresgabe der Nationalen Forschungs- und Gedenkstätten der klassischen deutschen Literatur in Weimar, Weimar 1961.
Lüttgenau, Rikola-Gunnar (Hg.): Weimar im Nationalsozialismus. Ein Stadtführer. Förderverein Buchenwald, Weimar 2008.
Lyncker, Carl Wilhelm Heinrich Freiherr von: Ich diente am Weimarer Hof. Aufzeichnungen aus der Goethezeit, Köln–Weimar–Wien 1997.
Madame de Staël: Über Deutschland, Berlin 1989.
Merseburger, Peter: Mythos Weimar, Stuttgart 1998.
Mommsen, Katharina: Goethe und der Alte Fritz, Leipzig 2012.
Moritz, Marina (Hg.): Goethe trifft den gemeinen Mann. Alltagswahrnehmungen eines Genies, Köln–Weimar–Wien 1999.
Mück, Hans-Dieter: Künstler in Weimars Kunstschule 1860–1919: Im Kontext der Kulturpolitik des Weimarer Fürstenhauses von Anna Amalia bis Wilhelm Ernst 1756–1918, Weimar–Wiesbaden 2018.
Ders.: »Viel flaniert, gelesen, gesehen, gelebt«. Harry Graf Kessler – Die Biografie, 1. Band, 1868–1898, Weimar–Wiesbaden 2018.
Müller, Gerhard (Bearb.): Thüringische Staaten: Sachsen-Weimar-Eisenach 1806–1813, in: Quellen zu den Reformen in den Rheinbundstaaten, Bd. 9, Berlin–München–Boston 2015.
Müller, Rainer: Denkmaltopographie Bundesrepublik Deutschland – Kulturdenkmale in Thüringen (Band 4). Stadt Weimar, Altstadt (Band 4.1), Stadt Weimar, Stadterweiterung und Ortsteile (Band 4.2), Altenburg 2009.
Müller-Harang, Ulrike (mit Beiträgen v. Jürgen Beyer u. Angelika Schneider): Das Kirms-Krackow-Haus in Weimar. Die Baugeschichte, die Geschichte des Gartens, die Hausbewohner, Freunde und Gäste, München 1999.
Müller-Wolff, Susanne: Ein Landschaftsgarten im Ilmtal. Die Geschichte des herzoglichen Parks in Weimar, Köln–Weimar–Wien 2007.
Niedermeier, Michael/Dorgerloh, Annette: Arkadien. Geschichten eines europäischen Traumes. Begleitheft zur Ausstellung (Weimar 2007; Tiefurt 2008, Dessau 2009). Klassik Stiftung Weimar. Weimar 2007.
Paul, Konrad: Die ersten hundert Jahre 1774–1873. Zur Geschichte der Weimarer Mal- und Zeichenschule, Weimar 1996.

Pestel, Friedemann: Weimar als Exil. Erfahrungsräume französischer Revolutionsemigranten 1792–1803, Leipzig 2009.

Post, Bernhard/Wahl, Volker (Hg.): Thüringen-Handbuch. Territorium, Verfassung, Parlament, Regierung und Verwaltung in Thüringen 1920 bis 1995, Weimar 1999.

Post, Bernhard/Werner, Dietrich: Herrscher in der Zeitenwende: Wilhelm Ernst von Sachsen-Weimar-Eisenach, 1876–1923, Jena 2006.

Pöthe, Angelika: Carl Alexander – Mäzen in Weimars »Silberner Zeit«, Köln–Weimar–Wien 1998.

Dies.: Schloß Ettersburg. Weimars Geselligkeit und kulturelles Leben im 19. Jahrhundert, Weimar–Köln–Wien 1995.

Dies.: Fin de Siècle in Weimar: Moderne und Antimoderne 1885 bis 1918 , in: Schriftenreihe des Freundeskreises Goethe Nationalmuseum e.V., Weimar 2011.

Ranft, Gertrud: Historische Grabstätten aus Weimars klassischer Zeit, Weimar 1987.

Raßloff, Steffen: Geschichte der Stadt Weimar, Erfurt 2018.

Reder, Dirk Alexander: Frauenbewegung und Nation. Patriotische Frauenvereine in Deutschland im frühen 19. Jahrhundert (1813–1830), Köln 1998.

Salentin, Ursula: Anna Amalia. Wegbereiterin der Weimarer Klassik, Köln–Weimar–Wien 1996.

Schedewie, Franziska: Die Bühne Europas. Russische Diplomatie und Deutschlandpolitik in Weimar (1798–1819), Heidelberg 2015.

Schmidt, Arno: »Na, Sie hätten mal in Weimar leben sollen!« Über Wieland – Goethe – Herder. Mit einem Essay von Jan Philipp Reemtsma, Stuttgart 2013.

Schmidt-Funke, Julia A.: Karl August Böttiger (1760–1835). Weltmann und Gelehrter, Heidelberg 2006.

Dies.: Auf dem Weg in die Bürgergesellschaft: Die politische Publizistik des Weimarer Verlegers Friedrich Justin Bertuch, in: Veröffentlichungen der Historischen Kommission für Thüringen: Kleine Reihe Band 16, Köln–Weimar–Wien 2005.

Schmidt-Möbus, Friederike/Möbus, Frank: Kleine Kulturgeschichte Weimars, Köln–Weimar–Wien 1998.

Schnaubert, Guido/Güssefeld, Franz Ludwig: Weimars Stadtbild – Stadtplan Weimar 1784 und 1909: Straßennamen von 1784, Geschichte bis 1828 – Weimar zur Zeit von Johann Wolfgang von Goethe (Reprint), Bad Langensalza 2017.

Schöne, Albrecht: Schillers Schädel, München 2005.

Schröter, Axel: August von Kotzebue. Erfolgsautor zwischen Aufklärung, Klassik und Frühromantik, Weimar 2011.

Schuster, Gerhard u. a. (Hg.): Wiederholte Spiegelungen. Weimarer Klassik. 1759–1832. Ständige Ausstellung des Goethe-Nationalmuseums, 2 Bände, Weimar 1999.

Schwabe, Julius: Erinnerungen eines alten Weimarers an die Goethezeit, Frankfurt am Main 1890, Reprint London 2015.

Seemann, Annette: Weimar. Eine Kulturgeschichte, München 2012.

Seemann, Hellmuth Th. (Hg.): Anna Amalia, Carl August und das Ereignis Weimar, in: Jahrbuch 2007 der Klassik Stiftung Weimar, Göttingen 2007.

Seifert, Jürgen/Beyer, Jürgen (Hg.): Weimarer Klassikerstätten. Geschichte und Denkmalpflege, Bad Homburg–Leipzig 1995.

Seifert, Rita: Goethe und Napoleon. Begegnungen und Gespräche, Weimar 2007.

Seifert, Siegfried: Weimar – Führer durch eine europäische Kulturstadt, Leipzig 1998.

Stahr, Adolf: Weimar und Jena, Leipzig–Wien o. J.

Steiner, Walter/Kühn-Stillmark, Uta: Friedrich Justin Bertuch. Ein Leben im klassischen Weimar zwischen Kultur und Kommerz, Köln–Weimar–Wien 2001.

Stolz, Rüdiger: Goethe und seine Chemiker – Ratgeber, Helfer und Vertraute, Weimar 2008.
Thomas, Kurt: Johann Nepomuk Hummel und Weimar, Weimar 1987.
Tümmler, Hans (Hg.): Die Zeit Carl Augusts von Weimar, in: Hans Patze/Walter Schlesinger (Hg.): Geschichte Thüringens, Bd. 5/1/2, Köln u. a. 1984.
Ulbricht, Justus H.: Klassikerstadt und Nationalsozialismus, Kultur und Politik in Weimar 1933 bis 1945. Weimar 2000.
Ders.: Wilhelm Ernst von Sachsen-Weimar-Eisenach: Landesherr – Monarch – Mäzen, Weimar 2017.
Ulferts, Gert-Dieter u. a.: Schloß Belvedere. Schloß, Park und Sammlung, München 1998.
Ders./Fohl, Thomas (Hg.): Von der Kunstkammer zum Neuen Museum. 300 Jahre Sammlung und Museen in Weimar (Festschrift Rolf Bothe), München u. a. 2003.
Vehse, Carl Eduard: Der Hof zu Weimar, Leipzig–Weimar 1991.
Ventzke, Marcus (Hg.): Hofkultur und aufklärerische Reformen in Thüringen. Die Bedeutung des Hofes im späten 18. Jahrhundert, Köln–Weimar–Wien 2002.
Ders.: Das Herzogtum Sachsen-Weimar-Eisenach 1775–1783. Ein Modellfall aufgeklärter Herrschaft?, Köln u. a. 2004.
Völkel, Ulrich (Hg.): Weimarer Persönlichkeiten. Kleines Lexikon, Weimar 2009.
Vor-Reiter Weimars. Die Großherzöge Carl August und Carl Alexander im Denkmal. Reihe des Freundeskreises Goethe-Nationalmuseum II, Jena 2003.
Wahl, Volker: »Das Kind in meinem Leib«. Sittlichkeitsdelikte und Kindsmord in Sachsen-Weimar-Eisenach unter Carl August. Eine Quellenedition 1777–1786, Weimar 2004.
Ders.: Das Weimarer Bauhaus, Jena 2019
Ders.: Die Rettung der Dichtersärge. Das Schicksal der Sarkophage Goethes und Schillers bei Kriegsende 1945, Weimar 1991.
Weimar im Urteil der Welt. Stimmen aus drei Jahrhunderten. Berlin–Weimar 1977.

Register

Personenregister

Abendroth, Hermann (Musiker, Dirigent) 140
Albert, Hzg. v. Sachsen 21, 31, 33
Albrecht I. der Bär, Mgf. v. Brandenburg 16
Andersen, Hans Christian (Dichter) 92, 98
Anna Amalia, Herzogin v. SWE 44–52, 60, 64f., 70, 99, 168, 170f.
Arens, Johann August (Baumeister) 62
Arnulf, Ks. 15
Astel, Karl (Wissenschaftler) 127
Attila, Kg. der Hunnen 15
Augusta v. SWE, Ksin. 93, 103
Bach, Johann (Musiker) 45
Bach, Johann Sebastian (Komponist) 9, 41–43, 45, 105, 125
Bach, Wilhelm Friedemann (Komponist) 41
Barlach, Ernst (Maler, Bildhauer) 123
Bartel, Walter (Historiker) 140
Bartels, Adolf (Schriftsteller) 116f.
Becher, Johannes R. (Dichter, Kulturpolitiker) 137, 144f.
Behmer, Herrmann (Maler) 106f.
Bennewitz, Fritz (Regisseur) 151
Berlioz, Hector (Komponist) 86, 99
Bertuch, Friedrich Justin (Unternehmer) 9, 52–55, 70, 73, 159

Beust v. (Flügeladjutant) 86
Bisin, Kg. 15
Bismarck, Fst. Otto v. 93–95
Böcklin, Arnold (Maler) 100
Böhlau, Herrmann (Verleger) 101
Bonalino, Giovanni (Baumeister) 20, 37
Bonifatius (Heiliger) 14f.
Böttiger, Carl August (Archäologe, Journalist, Lehrer) 61
Brill, Herrmann (Politiker) 139
Brück, Christian (Kanzler) 34
Bünau, Heinrich Reichsgf. v. (Geh. Rath) 44f.
Busse, Ernst (Politiker) 139
Carl August, Ghzg. v. SWE 45, 47–55, 61f., 65–67, 70–72, 74, 77, 79, 89, 91f., 95–97, 113
Carl Friedrich, Ghzg. v. SWE 63–65, 67, 74, 77, 79f., 82, 84–86, 88f., 92f.
Corinth, Lovis (Maler) 106
Cornelius, Peter (Komponist) 89
Coudray, Clemens Wenzeslaus (Architekt) 58, 71–74, 78–81, 84, 163
Cranach, Lucas d. Ä. (Maler) 25, 34–36, 153
Cranach, Lucas d. J. (Maler) 43, 43, 36
Cremer, Fritz (Bildhauer) 133, 141
Dehmel, Richard (Schriftsteller) 106
Dingelstedt, Franz v. (Theaterdirektor) 89, 91, 98
Dix, Otto (Maler) 123
Döblin, Alfred (Schriftsteller) 124
Dohna, Friedrich v. (Hofrat) 28
Dorothea Susanna, Pfgfn. bei Rhein 33
Drake, Johann Friedrich (Bildhauer) 98
Dumond, Louise (Schauspielerin) 108
Dürer, Albrecht (Maler) 153
Ebert, Friedrich (Politiker) 109, 111f.
Eberwein, Henriette (Schauspielerin) 74
Eckermann, Johann Peter (Sekretär Goethes) 84, 157
Eggerath, Werner (Politiker) 142
Egloffstein, Caroline Gfin. v. u. z. (Hofdame) 9, 80
Elkan, Jakob („Hofjude") 46
Ernst, Herzog v. Sachsen-Coburg-Gotha 93
Ernst, Kfst. v. Sachsen 23
Ernst August I., Hzg. v. SWE 43f.
Ernst August II. Constantin, Hzg. v. SW u. Hzg. v. SE 43f.

Eyermann, Bruno (Bildhauer) 42
Falk, Johann Daniel (Laientheologe) 69, 73
Feininger, Lyonel (Maler, Grafiker) 114, 116, 118
Fichte, Johann Gottlieb (Philosoph) 125
Förster-Nietzsche, Elisabeth (Schwester Nietzsches) 105, 130
Frick, Wilhelm (Politiker) 123
Friedrich II. der Sanftmütige, Kfst. v. von Sachsen 19
Friedrich II., Kg. v. Preußen 44
Friedrich III. der Weise, Kfst. v. Sachsen 23, 25–27, 29
Friedrich IV. der Friedfertige, Lgf. v. Thüringen 18
Friedrich Wilhelm, preuß. Kronprz. 33, 93
Fritsch, Jakob Friedrich v. (Geh. Rath) 45, 52
Frölich, August (Politiker) 123
Gasser, Hans (Bildhauer) 97
Gentsch, Carl Heinrich (Hofgärtner) 55
Gentz, Heinrich (Baumeister) 62
Gersdorff, Ernst August v. (Politiker) 71, 86
Gesky, Franz David (Weimarer Bürger) 9, 64, 69
Giesler, Hermann (Architekt) 129f.
Gleichen-Rußwurm, Familie v. 103
Goebbels, Joseph (Politiker) 127f.
Goethe, August v. (Sohn Goethes) 77
Goethe, Johann Wolfgang v. (Dichter) 9, 11, 13, 21, 25, 38f., 43, 46, 50–56, 59f., 62, 66, 69–74, 76–81, 83f., 86, 88–91, 96–99, 102–105, 109, 111–115, 118, 121f., 124–128, 131, 135–137, 142–144, 147, 150f., 154f., 157–160, 162–165, 167, 170f.
Goethe, Walther Wolfgang v. (Enkel Goethes) 102f.
Goertz (Schlitz) Carl Eustachus Gf. v. (Prinzenerzieher, Diplomat) 47f.
Grau, Johannes (Prediger) 27
Greiner, Poppo v. (Geh. Rath) 45
Gromann, Nikolas (Baumeister) 20, 32, 34
Gropius, Walter (Architekt) 115–120
Hardt, Ernst (Intendant) 116, 121
Hauptmann, Anton Georg (Förster, Architekt) 46, 56

187

Hauptmann, Gerhart (Dramatiker) 106, 124f., 128
Hebbel, Friedrich (Dichter) 98f.
Heine, Heinrich (Dichter) 84
Helmershausen, Georg Caspar (Fabrikant) 43
Herder, Johann Gottfried (Philosoph, Theologe) 9, 57–60, 70, 82, 91, 94, 96f., 125, 165, 171
Hermann III., Gf. von Weimar-Orlamünde 16
Herminafried, Kg. 15
Heß, Heinrich (Architekt) 82
Heß, Rudolf (Politiker) 129
Hirschfeld, Christian Cay Lorenz (Gartentheoretiker) 62
Hitler, Adolf (Politiker) 121–125, 129f.
Hoffmeister, Hans (Journalist) 158
Hofmannsthal, Hugo v. (Dichter) 106f.
Hortleder, Friedrich (Historiker) 37
Humboldt, Alexander v. (Gelehrter) 80
Humboldt, Wilhelm v. (Gelehrter) 80
Itten, Johannes (Maler, Bildhauer) 118
Jäde, Franz (Zeichenlehrer) 100
Jäde, Heinrich (Journalist) 94
Jagemann, Caroline (v. Heygendorff) (Schauspielerin) 74
Johann III., Hzg. v. Sachsen-Weimar 37
Johann der Beständige, Kfst. v. Sachsen 20, 23, 25–31
Johann Ernst, Hzg. v. Sachsen-Eisenach 20, 41
Johann Friedrich I. der Großmütige, Kfst. u. Hzg. v. Sachsen 20, 30–32, 34
Johann Friedrich II. der Mittlere, Hzg. v. Sachsen 32
Johann Wilhelm I., Hzg. v. Sachsen-Weimar 32f., 38
Kalckreuth, Stanislaus v. (Maler) 99
Kandinsky, Wassili (Maler) 114, 116, 118
Karl V., Ks. d. Hl. Röm. Reichs 26, 31
Kauffmann, Bernd (Kulturpolitiker) 157f., 165
Kayser, Karl (Generalintendant) 147f., 150
Kertész, Imre (Schriftsteller) 135
Kessler, Harry Graf (Publizist, Kulturpolitiker) 105–108, 114, 124, 165
Kiepenheuer, Gustav (Verleger) 101
Kirms, Carl u. Franz (Weimarer Räte) 52
Kirms-Krackow (Familie) 36, 43, 52, 57, 163
Kisch, Egon Erwin (Journalist) 114
Klauer, Martin Gottlieb (Bildhauer) 54, 56
Klee, Paul (Maler) 114, 116, 118, 123
Klinger, Max (Bildhauer, Maler) 106
Köhler, Wilhelm (Kunsthistoriker) 114, 117
Körner, Gottfried (Dichter) 59
Kotzebue, August v. (Dichter) 61, 71
Kraus, Georg Melchior (Maler, Grafiker) 54
Krause, Friedrich (Goethes Diener) 78
Krebs, Konrad (Baumeister) 20
Krohne, Johann Heinrich (Baumeister) 39, 43
Lassberg, Christiane v. (Hoffräulein) 55
Lassen, Eduard (Komponist) 101
Lenbach, Franz v. (Maler) 100
Leopold I., Kg. d. Belgier 94
Leopold III. Friedrich Franz, Fst. v. Anhalt-Dessau 55
Lessing, Gotthold Ephraim (Dichter) 96, 137
Lessing, Otto (Bildhauer) 149
Lichtwark, Alfred (Maler) 106
Liebermann, Max (Maler) 100, 106
Lilienfein, Heinrich (Schriftsteller) 137
Lindemann, Gustav (Theaterregisseur) 108
Liszt, Franz (Komponist, Virtuose) 9, 72, 84–92, 96, 88f., 105, 118, 125, 162, 164f.
Luden, Heinrich (Historiker) 70
Luther, Martin (Reformator) 25–27, 31, 36, 40, 70, 73, 105
Mackensen, Fritz (Maler) 117
Marcks, Gerhard (Bildhauer, Grafiker) 118
Margarete v. Österreich 26
Maria Pawlowna, Ghzgin. v. SWE 63–68, 77, 80f., 84, 93, 170
Mayer, Hans (Germanist) 147
Melanchthon, Philipp (Reformator) 27
Merian, Matthäus (Kupferstecher) 38, 40
Metternich, Clemens Wenzeslaus Fürst v. (Politiker) 70
Meyer, Johann Heinrich (Maler) 54, 56, 162
Michael-Benedikt, Pz. v. SWE 165

Moholy-Nagy, László (Maler, Bühnenkünstler) 116, 118
Molo, Walter v. (Schriftsteller) 124f.
Mommsen, Katharina (Literaturwissenschaftlerin) 150
Mommsen, Momme (Literaturwissenschaftler) 150
Muche, Georg (Maler) 116, 118, 163
Müller, Friedrich v. (Kanzler) 52, 67, 83
Müntzer, Thomas (Prediger) 27f.
Musäus, Johann Carl August (Pädagoge, Schriftsteller) 47
Mützel, Johann (Baumeister) 43
Napoleon I., Ks. 9, 64–69, 121
Neumark, Georg (Dichter) 40
Nietzsche, Friedrich (Philosoph) 105, 125, 130, 145, 165, 168
Nobbe, Ernst (Intendant) 126
Nostitz, Helene v. (Schriftstellerin) 108
Oeser, Adam (Maler, Bildhauer) 50
Oken, Lorenz (Naturforscher) 70
Otto II., Ks. 16, 20
Paganini, Nicolo (Komponist, Virtuose) 80
Patton, George S. (US-General) 135, 140
Paul, Jean (Schriftsteller) 57
Petersen, Julius (Literaturwissenschaftler) 125f.
Piscator, Erwin (Theaterintendant) 124
Pogwisch, Ottilie v. (Schwiegertochter Goethes) 80
Preller, Friedrich d. Ä. und d. J. (Maler) 9, 63, 82, 99f.
Pückler-Muskau, Hermann Fst v. 93, 159
Raabe, Paul (Literaturwissenschaftler) 155, 164
Ratke, Wolfgang (Pädagoge) 37
Richter, Johann Moritz (Baumeister) 38–41
Riemer, Friedrich Wilhelm (Bibliothekar) 84
Rietschel, Ernst (Bildhauer) 96f.
Rilke, Rainer Maria (Schriftsteller) 106
Rodin, Auguste (Bildhauer) 106
Rossini, Gioachino (Komponist) 74
Sand, Karl Ludwig (Student) 71
Sauckel, Fritz (Politiker) 122–125, 127–131
Sayn-Wittgenstein, Carolyne v. 84f.
Schaller, Ludwig (Bildhauer) 58, 96

Schardt, Johann Christian Wilhelm v. (Reisemarschall) 46
Scheidemann, Philipp (Politiker) 111
Schiller, Friedrich v. (Dichter) 9, 59f., 62, 64, 66, 70, 74–76, 82, 91, 96–98, 103f., 110, 112f., 122, 125, 136, 144f., 147, 152–154, 160, 165, 171
Schirach, Carl v. (Intendant) 116
Schlemmer, Oskar (Bauhauskünstler) 116, 118f., 121, 124
Schmidt, Johann Christoph (Geh. Rath) 52
Schnauß, Christian Friedrich (Geh. Rath) 52
Schnitzler, Arthur (Dramatiker) 117
Schorn, Ludwig v. (Kunsthistoriker) 80, 82
Schultze-Naumburg (Publizist, Politiker) 120, 123, 126, 130
Schumann, Clara (Musikerin) 80
Schütz, Heinrich (Komponist) 39
Schütze, Wilhelmine (Weimarerin) 78
Schweitzer, Christian Wilhelm (Politiker) 86
Seemann, Hellmut Th. (Stiftungspräsident) 165
Seidler, Louise Caroline (Malerin) 54, 74
Shakespeare, William (Dramatiker) 48, 91, 135, 149
Slevogt, Max (Maler) 106
Sophie, Ghzgin. v. SWE 102–104, 170
Sophie Dorothea Maria v. Anhalt, Hzgin v. Sachsen-Weimar 37
Soret, Frederic (Prinzenerzieher) 81
Speer, Albert (Politiker, Architekt) 129
Spitzweg, Carl (Maler) 79
Stahr, Adolf (Schriftsteller) 77
Stegmann, Carl v. (Architekt, Schriftsteller) 100f.
Stein, Charlotte v. (Hofdame) 46, 56, 114
Stein, Wolfgang (Hofprediger) 28
Steiner, Carl Friedrich (Architekt) 74
Stichling, Gottfried (Offizier) 94
Strauss, Richard (Komponist) 101
Streichhan, Carl Heinrich Ferdinand (Architekt) 101
Stromeyer, Johann Heinrich (Schauspieler) 74
Thiem, Veit (Maler) 34
Thouret, Nicolas Friedrich (Baumeister) 62

189

Tschuikow, Wassili (sowj. General) 136
Tucholsky, Kurt (Schriftsteller, Journalist) 125
Ulbrich, Franz (Regisseur, Intendant) 121
Ulbricht, Walter (Politiker) 135, 139, 144f., 147, 150f.
Varnhagen von Ense, Carl August (Publizist, Politiker) 83
Velde, Henry van de (Architekt, Designer) 105f., 108, 114, 117
Victoria, Kgin. 93
Victoria (Gattin d. preuß. Kronprz. Friedrich Wilhelm) 93
Vogel, Carl (Arzt) 78
Voigt, Christian Gottlob d. Ä. (Geh. Rath) 52
Vulpius (Goethe), Christiane (Ehefrau Goethes) 56, 66, 114
Wachsmuth, Bruno (Philologe) 149
Wagner, Richard (Komponist) 86, 89, 91, 125
Wangenheim, Inge v. (Schriftstellerin) 66
Watzdorf, Christian Bernhard v. (Politiker) 86
Weill, Kurt (Komponist) 124
Wiechert, Ernst (Schriftsteller) 128
Wieland, Christoph Martin (Dichter) 9, 48, 51f., 57, 60, 70, 82, 91, 97, 99, 105, 165, 171
Wildenbruch, Ernst v. (Dichter) 98, 103
Wilhelm, Gf. v. Weimar-Orlamünde 16
Wilhelm I., Ks. 93
Wilhelm II.. Ks. 128
Wilhelm III. der Tapfere, Hzg. v. Sachsen 19f.
Wilhelm IV., Hzg. v. Sachsen-Weimar 38–41
Wilhelm Ernst, Ghzg. v. Weimar 105, 110
Wilhelm Ernst, Hzg. v. Sachsen-Weimar 41–43
Winckelmann, Johann Joachim (Kunsthistoriker) 62, 162
Wolf, Johannes (Pädagoge, Rektor) 34f.
Wydenbrugk, Oskar v. (Politiker) 85f.
Zapfe, Rudolf (Architekt) 108
Ziegler, Hans Severus (Publizist, Intendant) 126
Zitek, Josef (Architekt) 100

Ortsregister

Das Ortsregister schließt historische und aktuelle Namen von Staaten, Städten, Siedlungen, Straßen, wichtigen Gebäuden, Denkmälern, Wald- und Parkanlagen, Flussläufen und Flurnamen ein, die für die geschichtliche Entwicklung der Stadt Weimar und des Herzogtums bzw. Großherzogtums Sachsen-Weimar-Eisenach bedeutsam gewesen sind und im Buchtext genannt werden.

Ackerwand 46
Adolf-Hitler-Platz 129
Altenburg 85, 99, 118
Altes Gymnasium 21, 58, 72
Anhalt-Dessau 55
Anhalt-Köthen 42
Anna Amalia Bibliothek 42, 72, 91, 147, 166–168
Archivgebäude am Beethovenplatz 101
Asbach 20
Auerstedt 64, 66
Augsburg 25, 29
Baden 86
Bahnhof 100, 112, 161f.
Bahnhofsvorplatz 162
Bankhaus am Frauentor 108
Bastille 20, 32, 49
Bauhaus-Museum 163, 169
Bauhaus-Universität 108, 163
Belvedere (Schloss und Park) 43–45, 55–57, 62, 99, 114, 163f., 170f.
Bergwerk im Ilmpark 55
Berlin 10, 77, 86, 89, 93, 110f., 117, 131, 140, 147, 149f., 154f.
Bertuchhäuser 159
Braunschweig-Wolfenbüttel 44
Buchenwald 10, 127f., 131–136, 138–142, 158, 168
Carl-Alexander-Denkmal 162
Carl-August-Allee 100, 162
Carl-August-Platz 129
Cranach-Haus 34f.
Dänemark 65, 98
Dessauer Stein 55

Deutsches Nationaltheater 111f., 116, 121, 123, 126, 136, 142, 150f., 154, 163, 171
Deutschritterhaus 35, 51
Dornburger Schlösser 43, 147
Dresden 96f.
Ehringsdorf 13
Eisenach 33, 41, 82, 85, 100
Eisfeld 16
Elbe 31, 126
Erfurt 15, 40, 67f., 140
Esplanade 45f., 62, 171
Ettersberg 10, 13, 130–132, 135, 137f., 140f., 146, 159, 164, 168, 171
Ettersburg 42f., 50, 62, 82, 92f., 147, 171
Europa 53, 69, 84, 156f., 161
Falkenburg 44f.
Felsentreppe (Nadelöhr) 55
Frankenhausen 27f.
Frankfurt am Main 142
Frankreich 53, 64, 67, 80, 85
Franziskanerkloster 20, 25
Franz-Liszt-Haus 72, 99
Frauenplan 43, 56, 72f., 102f., 143, 164, 167
Frauentor 17, 45, 108
Frauentorviertel 18
Friedland 67
Fulda 14, 16, 72
Fürstengruft 72, 74–77, 79, 93, 128, 136
Fürstenhaus 46, 97, 162
Gasthof „Erholung" 122
Gauforum 129f., 139, 160, 169
Gelbes Schloss 43
Gerberstraße 17
Goethe- und Schiller-Archiv 104f., 119, 145, 147, 150, 167, 170
Goethe- und Schiller-Denkmal 96f., 136, 154
Goethebrunnen 73
Goethehaus am Frauenplan 43, 56, 102f., 130, 143, 167
Goethe-Nationalmuseum 118, 128, 147, 167
Goetheplatz 101, 162
Goethes Gartenhaus 54, 56, 72, 159
Gotha 32, 44
Granitz 77
Griechisch-orthodoxe Grabkapelle 93
Grüner Markt 43, 82
Grünes Schloss 32, 38, 46
Halle der Volksgemeinschaft 129f.
Hamburg 62, 113
Hauptwache 72
Haus am Horn 120, 163
Haus am Silberblick 105
Haus Hohe Pappeln 108
Haus zur Palme 43
Herderbrunnen 58, 72f.
Herderdenkmal 58, 96f.
Herderkirche – St. Peter und Paul 35f., 40, 57f., 96, 135, 145
Herderplatz 16, 21
Herz-Jesu-Kirche 101
Hofapotheke 35
Hofgärtnerei 89
Hoftheater – Komödienhaus 45, 56f., 61, 74, 96, 110f., 117, 157
Hornstein 19f., 32, 37–39, 49
Hotel „Der schwarze Bär" 35
Hotel „Elefant" 35, 130
Hotel „Erbprinz" 59
Ilm 17, 20, 39f., 55, 71, 89, 105, 108, 149, 171
Ilmpark 32, 43, 54–56, 89, 108, 157–159, 167
Ilmtal 13, 15, 37, 41, 62
Italien 20, 59, 62, 100
Jägerhaus 74
Jakobkirche 36, 43, 71f.
Jakobstor 17
Jakobsviertel 15, 18, 43
Jakobsvorstadt 15–18, 36, 130
Jena 40f., 47, 60, 64, 66, 70f., 85, 88, 98, 104, 127, 136, 145
Karlsplatz 106
Kegeltor 17, 20
Kegeltorviertel 18
Kirche St. Peter 17, 19
Kirche St. Peter und Paul 16, 21
Kirms-Krackow-Haus 36, 43, 52, 57, 163
Kollegiengasse 43
Kolonnaden am Goethe-Platz 101
Königgrätz 94
Köthen 37, 42
Kreuz-Kirche 101
Kromsdorf 42, 62, 82
Kronach 27
Kubus 157–159, 169
Kulissenhaus 163

191

Landesarchiv Marstall und Beethovenplatz 11, 101
Langensalza 94
Laurentiusspital 18, 20
Leipzig 21, 23–25, 50, 102, 147
Louvergasse 17
Louisenkloster (Borkenhäuschen) 55
Lutherhof – Söllersches Freihaus 73
Mainz 94
Mal- und Zeichenschule 54, 80, 163
Mannheim 71, 169
Marienkapelle 18
Marktplatz 17, 34, 85f., 98, 135, 152
Marstall 101
Mühlberg 31
München 10, 122, 149
Museum für Ur- und Frühgeschichte 163
Musikgymnasium „Franz Liszt" in Belvedere 163f.
Neptunbrunnen 34
Neue Weimarhalle 164
Neues Bauen am Horn 163
Neues Museum 100f., 129, 162–169
Neutorviertel 18
Nikolaushospital 20
Oberweimar 16–18
Olmütz 89
Orlamünde 16, 18, 20
Österreich 26, 70, 73, 94
Paris 68, 72, 124
Petit Trianon 104
Posen 67
Postgebäude am Goetheplatz 101
Preußen 64f., 80, 93f., 98
Preußisch Eylau 67
Rathaus 17, 19, 34, 82f., 90
Redoutenhaus 46, 57
Reithaus 43
Rheinbund 67
Rittergasse 21
Römisches Haus 55, 167
Rotes Schloss 32f., 54, 57, 72
Rudolstadt 59
Russland 67f.
Saale 16, 41, 43
Sachsen 19, 23, 26, 29, 40, 113
Sachsen-Coburg-Eisenach 33
Sachsen-Coburg-Saalfeld 44
Sachsen-Gotha 44
Sachsen-Weimar 32f., 37, 39, 43
Sachsen-Weimar-Eisenach 43, 67, 80, 102, 104, 110, 165

Scherfgasse 46
Schießhaus 122
Schlangenstein 56
Schlosskirche 25f., 38f., 49
Schmalkalden 31f.
Schnecke 40
Seifengasse 163
Shakespeare-Denkmal 149
St. Petersburg 64, 67, 71
Stadtarchiv 11, 163
Stadtbücherei 163
Stadthaus 22, 34
Stadtkirche 20f., 25f., 35, 43, 58, 64, 96, 152
Stadtmuseum 159, 171
Stadtturm 72
Sternbrücke 39
Sterngarten 39
Studienzentrum 168
Stuttgart 62, 144
Tambora 69
Theaterplatz 72, 97, 99, 112, 163
Tiefurt 50f., 57–59, 62, 82, 88, 171
Tiefurter Allee 108
Tilsit 67
Töpfermarkt 16, 35, 58
Torgau 28f., 32
Ungarn 84
Unstrut 15
Versailles 104, 113
Villa Dürkheim 108
Villa Henneberg 108
Volkshochschule 163
Volkstedt 59
Wagenremise am Theaterplatz 72
Wartburg 26, 70, 82, 90, 93, 95, 97, 104
Weimarhalle 124
Weißenfels 41
Weißensee 18
Welscher Garten 32, 39
Wieland-Denkmal 97
Wielandplatz 97
Wildenbruch-Villa 99
Wilhelmsburg 38f., 49
Wilhelmsthal 92
Windischenstraße 17, 25, 46
Wittenberg 23, 25f., 28f.
Wittumspalais 50f., 56f., 99
Wörlitz 51, 55, 62
Worms 25
Württemberg 94